ROMEU E JULIETA

Livros de Shakespeare publicados pela **L&PM** EDITORES:

As alegres matronas de Windsor – Trad. de Millôr Fernandes
Antônio & Cleópatra – Trad. de Beatriz Viégas-Faria
Bem está o que bem acaba – Trad. de Beatriz Viégas-Faria
A comédia dos erros – Trad. de Beatriz Viégas-Faria
Como gostais / Conto de inverno – Trad. de Beatriz Viégas-Faria
Hamlet – Trad. de Millôr Fernandes
Henrique V – Trad. de Beatriz Viégas-Faria
Júlio César – Trad. de Beatriz Viégas-Faria
Macbeth – Trad. de Beatriz Viégas-Faria
Medida por medida – Trad. de Beatriz Viégas-Faria
A megera domada – Trad. de Millôr Fernandes
O mercador de Veneza – Trad. de Beatriz Viégas-Faria
Muito barulho por nada – Trad. de Beatriz Viégas-Faria
Noite de Reis – Trad. de Beatriz Viégas-Faria
Otelo – Trad. de Beatriz Viégas-Faria
O rei Lear – Trad. de Millôr Fernandes
Ricardo III – Trad. de Beatriz Viégas-Faria
Romeu e Julieta – Trad. de Beatriz Viégas-Faria
Sonho de uma noite de verão – Trad. de Beatriz Viégas-Faria
A tempestade – Trad. de Beatriz Viégas-Faria
Tito Andrônico – Trad. de Beatriz Viégas-Faria
Trabalhos de amor perdidos – Trad. de Beatriz Viégas-Faria

Leia também:

Guia Cambridge de Shakespeare – Emma Smith
Hamlet (MANGÁ)
Shakespeare de A a Z (Livro das citações) – Org. de Sergio Faraco
Shakespeare – Claude Mourthé (Série Biografias)
Shakespeare – Obras escolhidas
Shakespeare – Série Ouro
Shakespeare traduzido por Millôr Fernandes

William Shakespeare

ROMEU E JULIETA

Tradução de Beatriz Viégas-Faria

www.lpm.com.br

L&PM POCKET

Coleção **L&PM** POCKET, vol. 130

Texto de acordo com a nova ortografia.

Título do original: *Romeo and Juliet*

Primeira edição na Coleção **L&PM** POCKET: setembro de 1998
Esta reimpressão: janeiro de 2024

Capa: L&PM Editores sobre detalhe da escultura *Venus et Adonis* de Antonio Canova (1757-1822)
Tradução: Beatriz Viégas-Faria
Revisão: Delza Menin e Luciana H. Balbueno

S527r

Shakespeare, William, 1564-1616.
Romeu e Julieta / William Shakespeare; tradução de Beatriz Viégas-Faria. – Porto Alegre: L&PM, 2024.
160 p. ; 18 cm – (Coleção L&PM POCKET; v. 130)

ISBN 978-85-254-0922-5

1. Ficção inglesa-teatro. I. Título. II. Série.

CDD 822.33U3-4
CDU 820 Shak

Catalogação elaborada por Izabel A. Merlo, CRB 10/329.

Rua Comendador Coruja, 314, loja 9 – Floresta – 90.220-180
Porto Alegre – RS – Brasil / Fone: 51.3225.5777

Pedidos & Depto. comercial: vendas@lpm.com.br
Fale conosco: info@lpm.com.br
www.lpm.com.br

Impresso no Brasil
Verão de 2024

William Shakespeare
(1564-1616)

William Shakespeare nasceu em Stratford-upon-Avon, Inglaterra, em 23 de abril de 1564, filho de John Shakespeare e Mary Arden. John Shakespeare era um rico comerciante, além de ter ocupado vários cargos da administração da cidade. Mary Arden era oriunda de uma próspera família. Pouco se sabe da infância e da juventude de Shakespeare, mas imagina-se que tenha frequentado a escola primária King Edward VI, onde teria aprendido latim e literatura. Em dezembro de 1582, Shakespeare casou-se com Anne Hathaway, filha de um fazendeiro das redondezas. Tiveram três filhos.

A partir de 1592, os dados biográficos são mais abundantes. Em março, estreou no Rose Theatre de Londres uma peça chamada *Harry the Sixth*, de muito sucesso, que foi provavelmente a primeira parte de *Henrique VI*. Em 1593, Shakespeare publicou seu poema *Vênus e Adônis* e, no ano seguinte, o poema *O estupro de Lucrécia*. Acredita-se que, nessa época, Shakespeare já era um dramaturgo (e um ator, já que os dramaturgos na sua maior parte também participavam da encenação de suas peças) de sucesso. Em 1594, após um período de poucas montagens em Londres, devido à peste, Shakespeare juntou-se à trupe de Lord Chamberlain. Os dois mais célebres dramaturgos do período, Christopher Marlowe (1564-1593) e Thomas Kyd (1558-1594), respectivamente autores de *O judeu de Malta* e *Tragédia espanhola*, morreram por esta época, e Shakespeare encontrava-se pela primeira vez sem rival.

Os teatros de madeira elisabetanos eram construções simples, a céu aberto, com um palco que se projetava à frente, em volta do qual se punha a plateia, de pé. Ao fundo, havia duas portas, pelas quais atores entravam e saíam. Acima, uma sacada, que era usada quando tornava-se necessário mostrar uma cena que se passasse em uma ambientação secundária. Não havia cenário, o que abria toda uma gama de versáteis possibilidades, já que, sem cortina, a peça começava quando entrava o primeiro ator e terminava à saída do último, e simples objetos e peças de vestuário desempenhavam importantes funções para localizar a história. As ações se passavam muito rápido. Devido à proximidade com o público, trejeitos e expressões dos atores (todos homens) podiam ser facilmente apreciados. As companhias teatrais eram formadas por dez a quinze membros e funcionavam como cooperativas: todos recebiam participações nos lucros. Escrevia-se, portanto, tendo em mente cada integrante da companhia.

Em 1594, Shakespeare já havia escrito as três partes de *Henrique VI, Ricardo III, Tito Andrônico, Dois cavalheiros de Verona, Trabalhos de amor perdidos, A comédia dos erros* e *A megera domada*. Em 1596, morreu o único filho homem de Shakespeare, Hamnet. Logo em seguida, ele escreveu a primeira das suas peças mais famosas, *Romeu e Julieta*, à qual seguiram-se *Sonho de uma noite de verão, Ricardo II* e *O mercador de Veneza. Henrique IV*, na qual aparece Falstaff, seu mais famoso personagem cômico, foi escrita entre 1597-1598. No Natal de 1598, a companhia construiu uma nova casa de espetáculos na margem sul do Tâmisa. Os custos foram divididos pelos diretores da companhia, entre os quais Shakespeare, que provavelmente já tinha alguma fortuna. Nascia o Globe Theatre. Também é de 1598 o reconhecimento de Shakespeare como o mais importante dramaturgo de língua inglesa: suas peças, além de atraírem milhares de espectadores para os teatros de madeira, eram impressas e vendidas sob a forma de livro – às vezes até mesmo pirateados. Seguiram-se *Henrique V, Como gostais*, *Júlio César* – a primeira das suas tragédias da maturidade –, *Troilo e Créssida, As alegres matronas de Windsor, Hamlet* e *Noite de Reis*. Shakespeare escreveu a maior parte dos papéis principais de suas tragédias para Richard Burbage, sócio e ator, que primeiro se destacou com *Ricardo III.*

Em março de 1603, morreu a rainha Elisabeth. A companhia havia encenado diversas peças para ela, mas seu sucessor, o rei James, contratou-a em caráter permanente, e ela tornou-se conhecida como King's Men – Homens do Rei. Eles encenaram diversas vezes na corte e prosperaram financeiramente. Seguiram-se *Bem está o que bem acaba* e *Medida por medida* – suas comédias mais sombrias –, *Otelo, Macbeth, Rei Lear, Antônio e Cleópatra* e *Coriolano.* A partir de 1601, Shakespeare escreveu menos. Em 1608, a King's Men comprou uma segunda casa de espetáculos, um teatro privado em Blackfriars. Nesses teatros privados, as peças eram encenadas em ambientes fechados, o ingresso custava mais do que nas casas públicas de espetáculos, e o público, consequentemente, era mais seleto. Parece ter sido nessa época que Shakespeare aposentou-se dos palcos: seu nome não aparece nas listas de atores a partir de 1607. Voltou a viver em

Stratford, onde era considerado um dos mais ilustres cidadãos. Escreveu então quatro tragicomédias, subgênero que começava a ganhar espaço: *Péricles, Cimbelino, Conto de inverno* e *A tempestade*, sendo que esta última foi encenada na corte em 1611. Shakespeare morreu em Stratford em 23 de abril de 1616. Foi enterrado na parte da igreja reservada ao clero. Escreveu ao todo 38 peças, 154 sonetos e uma variedade de outros poemas. Suas peças destacam-se pela grandeza poética da linguagem, pela profundidade filosófica e pela complexa caracterização dos personagens. É considerado unanimemente um dos mais importantes autores de todos os tempos.

PERSONAGENS

Éscalo, Príncipe de Verona.

Páris, um jovem nobre, parente do Príncipe.

Montéquio e **Capuleto**, chefes das duas famílias rivais

Um Velho, tio de Capuleto.

Romeu, filho de Montéquio.

Mercúcio, parente do Príncipe e amigo de Romeu.

Benvólio, sobrinho de Montéquio e amigo de Romeu.

Teobaldo, sobrinho de Lady Capuleto.

Frei Lourenço, um franciscano.

Frei João, também da Ordem Franciscana.

Baltasar, criado de Romeu.

Sansão e **Gregório**, criados de Capuleto.

Pedro, criado da Ama de Julieta.

Abraão, criado de Montéquio.

Um Boticário.

Três Músicos.

Coro.

Pajem de Páris; um outro pajem.

Um Oficial.

Lady Montéquio, esposa de Montéquio.

Lady Capuleto, esposa de Capuleto.

Julieta, filha de Capuleto.

A Ama de Julieta.

Cidadãos de Verona; vários homens e mulheres, relacionados às duas famílias; mascarados, guardas, vigias e serviçais.

Cena – Durante a maior parte da peça, em Verona; uma vez, no Quinto Ato, em Mântua.

PRÓLOGO

Duas casas, duas famílias com a mesma dignidade na aprazível Verona, onde se desenrola esta história, que parte de antigas rixas e chega a um novo motim, quando sangue civil mancha mãos civis. Pois, da prole dessas duas casas, inimigas fatais, um casal de amantes traídos pelo destino toma sua própria vida; seus desaventurados gestos, dignos de nossa pena, resultam em que, com sua morte, enterra-se também a luta de seus pais. A terrível história de seu amor, marcado pela morte, e a permanência do ódio de seus pais, que tão somente teve um basta com o trágico fim de seus filhos, constituem o que se passa a narrar agora neste palco, por duas horas. Esta peça, se ouvida com paciência, tentará, com nosso esforço, prover-lhes todos os detalhes.

Primeiro ato

Cena I – *Um local público*

Entram Sansão e Gregório, armados de espadas e broquéis.

Sansão – Digo e repito, Gregório, não podemos levar desaforo para casa.

Gregório – Concordo contigo. Caso contrário, teríamos sangue de barata.

Sansão – Quero dizer, se a raiva nos acomete, puxamos da espada.

Gregório – Mas, enquanto viveres, afasta-te da raiva.

Sansão – Se me incomodam, ataco com a maior rapidez.

Gregório – Mas não é com a maior rapidez que te sentes incomodado a ponto de atacar.

Sansão – Da casa dos Montéquio, até um cachorro me incomoda.

Gregório – Ficar incomodado implica mexer-se; e ser valente é enfrentar o inimigo, firme, teso, de pé; portanto, se ficas incomodado, não ficas parado e foges.

Sansão – Mesmo um cachorro daquela casa sempre vai me incomodar, mas não para me fazer fugir e sim para me fazer encará-lo. Derrubo as muralhas de qualquer homem ou donzela da casa dos Montéquio.

Gregório – Isso só serve para mostrar como és um fraco, um escravo; pois os mais fracos é que correm para as muralhas.

Sansão – Lá isso é verdade; e, portanto, as mulheres, sendo as criaturas mais fracas, acabam sempre prensadas contra a parede. Portanto, afasto os homens de Montéquio de suas muralhas e prenso as donzelas deles contra a parede.

Gregório – Essa briga é entre nossos amos e nós, seus homens.

Sansão – Dá tudo no mesmo, e eu vou me mostrar um tirano. Depois de haver lutado contra os homens, serei cruel com as donzelas, e lhes cortarei as cabeças.

Gregório – Cortarás as cabeças das virgens?

Sansão – Isso, as cabeças das virgens. Ou os cabaços das virgens. Podes interpretar isso no sentido que quiseres.

Gregório – Elas é que vão interpretar isso de acordo com o que vão sentir.

Sansão – Pois a mim elas vão sentir, enquanto eu for capaz de me aguentar teso; e é público e notório que sou um belo exemplar de macho.

Gregório – E ainda bem que de macho humano, pois, se fosse de bovino, estarias mais para boi que para touro. – Empunha tua ferramenta; aí vêm vindo dois da casa dos Montéquio.

Sansão – Minha arma já está desembainhada; vai em frente, briga com eles, que te dou cobertura.

Gregório – Como? Viras as costas e foges?

Sansão – Não tenhas medo, não te deixo só.

Gregório – Não, meu amigo; eu tenho medo, sim, que me deixes só.

Sansão – Vamos fazer com que a lei fique do nosso lado; eles que comecem!

Gregório – Vou franzir a testa quando passar por eles; e deixar que eles entendam isso como quiserem.

Sansão – Ou como se atreverem. Vou morder meu polegar para eles, o que lhes será uma desgraça se eles não reagirem.

Entram Abraão e Baltasar.

Abraão – O senhor por um acaso está mordendo o polegar para nós?

Sansão – Estou mordendo o meu polegar, sim.

Abraão – E o senhor por um acaso está mordendo o polegar para nós?

Sansão – Estaremos com a lei do nosso lado se eu disser que sim?

Gregório – Não.

Sansão – Não, senhor. Não estou mordendo o meu polegar para vós; mas estou mordendo o meu polegar.

Gregório – O senhor está procurando briga?

Abraão – Procurando briga, senhor? Claro que não!

Sansão – Porque, se o senhor por um acaso estiver procurando briga, sou o homem certo para o senhor. Sirvo para um homem de seu quilate.

Abraão – Mas não para homem de maior quilate.

Sansão – Não, senhor.

Gregório – Dize que sim, que serves para homem de maior quilate. Está chegando um parente de meu amo.

Sansão – Sirvo, sim, senhor, para homem de maior quilate.

Abraão – Está mentindo!

Sansão – Saque de sua espada, se for homem. – Gregório, lembra-te daquele teu golpe que vara o inimigo de lado a lado.

(*Entram em combate.*)

Entra Benvólio.

Benvólio – Apartai-vos, seus idiotas! Guardai as espadas; não tendes ideia do que estais fazendo!

(*Com raiva, baixa-lhes as espadas.*)

Entra Teobaldo.

Teobaldo – Mas como? Desembainhastes vossas espadas no meio desses fracotes sem colhões? Vira-te, Benvólio, e encara tua morte.

Benvólio – Não faço mais que manter a paz. Guarda tua espada, ou então usa-a para, junto comigo, separar esses homens.

Teobaldo – Mas como? Espada desembainhada, e me vens falar de paz? Tenho tanto ódio a essa palavra como ao inferno, aos Montéquio e a ti. Defende-te, covarde!

(*Entram em combate.*)

Entram vários homens relacionados às duas famílias e juntam-se à briga; em seguida, entram Cidadãos com pedaços de pau.

1º Cidadão – Com pauladas, alabardas, lâminas de aço militar! Atacai! Derrotai-os! Abaixo os Capuleto! Abaixo os Montéquio!

Entra Capuleto, de roupão, e Lady Capuleto.

Capuleto – Que barulho é esse? Deem-me a minha espada mais pesada, e rápido!

Lady Capuleto – Uma muleta, uma muleta! Por que pedes uma espada?

Capuleto – Minha espada, repito! O velho Montéquio chegou, e brande no ar a sua lâmina, a despeito de minha presença.

Entram Montéquio e Lady Montéquio.

Montéquio – Capuleto, seu vilão! – Não me segura, larga-me!

Lady Montéquio – Não vais te mover um milímetro na direção de um inimigo.

Entra o Príncipe, com Serviçais.

Príncipe – Súditos rebeldes, inimigos da paz, profanadores do aço dessas lâminas manchadas com o sangue de vossos próprios vizinhos! – Será que eles não me ouvem? – Ei, olá, vocês, homens, vocês, animais, que aplacam o fogo de vossa fúria perniciosa com as fontes púrpuras que brotam de vossas próprias veias! – Sob pena de tortura, joguem ao chão vossas destemperadas armas, soltem-nas de vossas mãos ensanguentadas, e ouçam a sentença de vosso irado príncipe. – Três lutas civis, nascidas de palavras atiradas ao vento por vocês, velho Capuleto e velho Montéquio, três vezes vieram perturbar a calma de nossas ruas e fizeram com que os mais antigos cidadãos de Verona, vestidos com esses graves adereços que lhes caem tão bem, pegassem em armas tão antigas e enferrujadas quanto suas próprias mãos, para despedaçar vosso ódio obsoleto. Se perturbarem a paz de nossas ruas uma vez mais, pagarão com vossas vidas por terem quebrado a quietude. Por ora, dispersai-vos. – Você, Capuleto, vem comigo –, e você, Montéquio, quero vê-lo hoje à tarde, no velho Tribunal, nosso local público de julgamento, para ficar sabendo de minha resolução neste caso. – Uma vez mais, sob pena de morte, dispersai-vos todos!

(*Saem o Príncipe e seus Serviçais, Capuleto, Lady Capuleto, Teobaldo, Cidadãos e Criados.*)

Montéquio – Quem foi que reinaugurou essa velha rixa? – Fala, sobrinho, estavas por perto quando tudo começou?

Benvólio – Aqui estavam os criados de seu adversário e seus próprios criados, meu tio, enfrentando-se num corpo a corpo quando me aproximei. Desembainhei minha espada na intenção de apartá-los; nesse exato momento chegou Teobaldo, enfurecido, já de espada em punho, espada essa que ele, enquanto vociferava em meus ouvidos, desafiando-me, brandiu sobre minha cabeça e cortou o ar, que, não se deixando ferir, respondeu-lhe, assobiando em zombaria. Enquanto trocávamos golpes de espada, foram chegando mais e mais homens, cada um brigando de um lado ou de outro, até que o Príncipe chegou, apartando-nos, separando as partes.

Lady Montéquio – Onde está Romeu? – Tu o viste hoje? – Bem contente fico eu que ele não tenha participado dessa briga.

Benvólio – Senhora minha tia, uma hora antes de nosso venerado sol espiar-nos pela janela dourada do Levante, uma inquietação empurrou-me para fora de casa, e andei até encontrar-me naquele bosque de plátanos que temos a oeste da cidade. Assim que, nessa caminhada, ainda antes do amanhecer, avistei seu filho. Fui em direção a ele, mas ele havia me visto e escondeu-se no bosque. Eu, comparando os desejos dele com meus próprios desejos – sabendo que a maioria das pessoas, quanto mais sozinhas estão, mais ocupadas ficam –, decidi continuar seguindo o meu estado de espírito e desisti de perseguir o dele. Foi com satisfação que deixei de lado quem obviamente me evitou.

MONTÉQUIO – Não são poucas as madrugadas em que ele tem sido visto no bosque, suas lágrimas contribuindo com a umidade do sereno, seus profundos suspiros acrescentando mais nuvens às nuvens do céu. Mas no instante mesmo em que o sol, que a tudo alegra, principia, nos confins do Oriente, a abrir o cortinado do leito de Aurora, meu filho, tão soturno, foge da luz, volta para casa e tranca-se sozinho em seu quarto, fecha as janelas, deixando do lado de fora a suave luminosidade matutina, aprisionando-se a si mesmo numa noite artificial. Negro e agourento ainda vai se tornar seu estado de espírito, a menos que um bom conselho consiga afastar as causas de tal humor.

BENVÓLIO – Meu nobre tio, o senhor conhece essas causas?

MONTÉQUIO – Nem as conheço, nem consigo arrancar dele essa informação.

BENVÓLIO – Mas o senhor já insistiu por todos os meios?

MONTÉQUIO – Por todos os meios que conheço: meus próprios e os de muitos amigos. Mas ele, conselheiro de seus próprios sentimentos, fica sendo para ele mesmo – e não digo que isto funcione –, mas fica sendo para ele mesmo tão sigiloso, e tão misterioso, tão longe de se deixar ouvir e de se deixar descobrir, que acaba ficando igual àquele botão de flor que foi mordido por um verme invejoso antes que pudesse espalhar suas doces pétalas ao vento, antes de conseguir dedicar sua beleza ao sol. Se ao menos pudéssemos saber de onde vem sua tristeza, de boa vontade lhe dispensaríamos a cura que estivesse ao nosso alcance.

Benvólio – Vejam, meus tios, é ele chegando; por favor, deixem-nos a sós. Ou ele me fala de sua dor ou minha companhia será por ele rejeitada.

Montéquio – Espero que tu tenhas sucesso, já que pretendes ficar aqui para dele arrancar a verdade. – Vem, minha senhora, vamo-nos.

(*Saem Montéquio e sua Esposa.*)

Entra Romeu.

Benvólio – Bom dia, primo.

Romeu – Ainda é manhã, recém?

Benvólio – Deram as nove horas.

Romeu – Ai de mim! As horas parecem arrastar-se, tristes. Aquele que se apressou em ir embora... era meu pai?

Benvólio – Sim. – Mas que tristeza é essa que faz as horas de Romeu arrastarem-se?

Romeu – O fato de não ter aquilo que, quando se tem, faz as horas voarem.

Benvólio – Apaixonado?

Romeu – Não...

Benvólio – Não apaixonado?

Romeu – Não correspondido por aquela por quem estou apaixonado.

Benvólio – E esse amor, tão delicado à primeira vista, tinha de se mostrar tirano e duro!

Romeu – Esse amor, cujos olhos encontram-se eternamente vendados, deverá, mesmo sem visão, encontrar rumos para seu desejo! – Onde vamos comer? – Mas... nossa! – Que batalha ocorreu aqui? Não, não me diga, pois a tudo escutei. Temos muito o que fazer com o ódio em nossa cidade, e mais ainda o que fazer com o amor. – Pois não é o que temos? Amor beligerante, ódio amoroso, tudo e qualquer coisa, nascidos do nada! Uma pesada leveza, uma grave vaidade, um caos deformado de formas aparentemente tão bonitas! Pluma de chumbo, fumaça brilhante, fogo gelado, saúde doentia! Um dormir sempre insone, que não é nada daquilo que é! – Esse amor sinto eu, que não sinto nenhum amor em retorno. Por que não te ris de mim?

Benvólio – Não, querido primo, prefiro chorar.

Romeu – Tu, coração de bondade, chorar por que motivo?

Benvólio – Por ver assim oprimido o teu coração de bondade.

Romeu – Ora, mas é justamente essa a transgressão do amor. – As dores que são minhas e de mais ninguém jazem pesadas dentro do meu peito; e tu as fazes propagarem-se, por teres pressionado meu peito com mais dores, as tuas. Esse amor que acabas de me revelar acrescenta ainda mais tristeza à minha própria tristeza. Amor é uma fumaça que se eleva com o vapor dos suspiros; purgado, é o fogo que cintila nos olhos dos amantes; frustrado, é oceano nutrido das lágrimas desses amantes. O que mais é o amor? A mais discreta das loucuras, fel que sufoca, doçura que preserva. – Adeus, querido primo.

(*Romeu começa a se afastar.*)

Benvólio – Calma! Eu vou junto. E, se me deixares assim, estarás me fazendo uma desfeita.

Romeu – Mas... se me perdi! Não estás diante de minha presença. Este aqui não é Romeu, pois ele está em algum outro lugar.

Benvólio – Dize-me quem amas com tanta tristeza.

Romeu – O quê? Devo gemer e confessar-te?

Benvólio – Gemer? Ora, claro que não! Mas dize-me quem, mesmo triste.

Romeu – Pedes a um homem doente, em sua imensa melancolia, que redija seu testamento. – Ah, em que má hora pedes isso a ele, pessoa que está passando tão mal! – É com tristeza, primo, que amo uma mulher.

Benvólio – Praticamente acertei no alvo, quando supus que estivesses amando.

Romeu – Tens boa mira! – E ela é linda, aquela a quem eu amo.

Benvólio – Pois, meu lindo primo, um lindo alvo deve ser atingido o mais rápido possível.

Romeu – Bem, nesse alvo ninguém jamais acertará; ela não se deixa atingir pela seta de Cupido – pois tem o espírito de Diana, e arma-se fortemente de sua castidade. Vive ilesa, livre do arco infantil e fraco do amor. Não se deixa cercar por palavras amorosas, nem se deixa assaltar por olhares que buscam o encontro nos olhos dela, nem abre os braços para oferendas de ouro que teriam seduzido santos católicos. Ah, ela é rica em beleza; pena que, quando morrer, morrerá com ela essa beleza, sem herdeiros.

Benvólio – Quer me dizer que ela fez voto de castidade?

Romeu – Fez, e, ao fazê-lo, poupa-se e comete enorme desperdício. Pois a beleza, faminta devido à severidade de sua dona, não legará beleza à posteridade. Ela é muito bonita, muito sábia; sabiamente bonita demais, tanto que se apraz em me fazer sofrer. Com um juramento, deu as costas ao amor. Com seu voto de castidade, vivo eu morto, um morto-vivo para agora contar minha desgraça.

Benvólio – Deixa que eu te oriente: para de pensar nela.

Romeu – Mas então ensina-me a parar de pensar.

Benvólio – Isto se faz dando-se liberdade aos olhos: examina outras belezas.

Romeu – Só existe uma palavra para descrever-lhe a beleza: rara. E, no entanto, é ainda mais: sabes essas alegres tintas que beijam a fronte das mulheres bonitas? Por serem escuras as tintas, nos dão a ideia de que lhes escondem a beleza luminosa. Aquele que ficou cego não consegue esquecer o tesouro precioso e perdido de sua visão. Mostra-me uma mulher que é mais que bonita; sua beleza só me servirá de lembrete, um lembrete onde poderei ler a beleza daquela que é ainda mais linda que a mulher que me mostraste. Adeus, primo. Não podes me ensinar a esquecer.

Benvólio – Vou cumprir minha promessa de te ajudar a esquecê-la. Caso contrário, morrerei com uma dívida para contigo.

(*Saem.*)

Cena II – *Uma rua.*

Entram Capuleto, Páris e Criado.

Capuleto – Montéquio está tão enrascado quanto eu, os dois sob ameaça de igual penalidade. Mas não será difícil, imagino eu, para homens velhos como nós dois, manter a paz.

Páris – Ambos são reconhecidamente homens honrados; só é pena que tenham vivido como inimigos por tanto tempo. Mas e agora, meu senhor, que resposta o senhor tem a me dar?

Capuleto – Não tenho resposta diferente; só posso repetir o mesmo que te disse da outra vez: minha filha ainda é uma principiante neste mundo. Ainda nem passou pela mudança de completar os quatorze anos de idade. Deixemos que outros dois verões floresçam e feneçam antes de pensarmos que ela poderia estar madura para se casar.

Páris – Mas então não há mulheres casadas e com filhos e mais novas que ela?

Capuleto – Pois essas casaram-se cedo demais e cedo demais tornaram-se mães, e isso as estragou. A terra encarregou-se de engolir todas as minhas esperanças, e essa minha filha é o que me resta, minha última esperança. Ela é a senhora herdeira de minhas terras. Mas corteja-a, gentil Páris, conquista o coração de minha filha. O que eu quero ou deixo de querer é apenas parte do consentimento dela. Uma vez que ela concorde, é dentro do leque de escolhas dela mesma que se encontrará o meu consentimento, e minha voz, jubilosa, estará de acordo. Hoje à noite estarei dando uma festa, antigo costume, para a qual convidei muita gente, todos aqueles de quem gosto muito; e tu, entre esses, és mais um, absolutamente bem-vindo, só vindo acrescentar à minha lista de convidados. Procura observar esta noite, em minha pobre casa, estrelas que pisam a terra, que tornam luminoso um paraíso escuro; essa bênção, que sentem os homens novos e saudáveis quando vem abril, um mês coberto de adereços, que chega pisando nos calcanhares de um inverno claudicante, sentirás em minha casa, esta noite, o delicioso prazer de estar entre fresquíssimos botões de flores femininas. Fica de ouvidos atentos, de olhos abertos, e agrada-te daquela que te parecer a de maior mérito, a mais merecedora de teu amor. Minha filha será tão somente uma dentre as muitas que verás. Mas, agora, vem comigo. (*Dirige-se ao Criado.*) Vai, rapaz, percorre nossa linda Verona; encontra essas pessoas cujos nomes aqui estão escritos (*entrega ao Criado um papel*), e a essas pessoas dize que minha casa lhes estará aberta, e me alegrará que se divirtam com minha hospitalidade.

(*Saem Capuleto e Páris.*)

Criado – Encontrar essas pessoas cujos nomes aqui estão escritos! Está escrito que o sapateiro deve se ocupar com sua fita métrica, e o alfaiate com formas de sapato, o pescador deve se ocupar com seus lápis, e o pintor com suas redes. Mas a mim me mandam encontrar essas pessoas cujos nomes aqui estão escritos, e eu não posso jamais saber que nomes escreveu aqui a pessoa que os escreveu. Preciso buscar uma pessoa letrada. – E é pra já!

Entram Benvólio e Romeu.

Benvólio – Ora, homem, um fogo apaga o incêndio de outro. Uma dor alivia-se com a angústia de outra dor. Faze-te de doido e ajuda-te a ti mesmo, dando as costas a esse sentimento. Uma tristeza desesperada cura-se com a languidez de outra tristeza. Inflama teu olho com nova infecção, e o veneno râncido da velha inflamação morrerá.

Romeu – Teu chazinho para dor de cotovelo é excelente para isso.

Benvólio – Para isso o quê, homem?

Romeu – Para tua canela quebrada.

Benvólio – Ora, Romeu, estás louco?

Romeu – Louco não, mas mais amarrado que um louco estou; encarcerado em uma cela de prisão, sem meu alimento, chicoteado e atormentado e... Salve, meu bom amigo.

Criado – Salve, senhores, e que Deus vos guarde. – Eu vos pergunto, senhor: sabeis ler?

Romeu – Sim. Sei ler até mesmo minha própria sorte em meu sofrimento.

Criado – Talvez o senhor tenha aprendido isso sem o auxílio dos livros. Mas eu lhe pergunto novamente: o senhor sabe ler qualquer coisa que vê?

Romeu – Sim, se conhecer as letras e o idioma.

Criado – O senhor fala de modo respeitável. Passar bem.

Romeu – Fique, amigo. Eu sei ler. (*Lê.*) *O Senhor Martino e sua esposa e filhas; o Conde Anselmo e suas belas irmãs; a senhora viúva de Vitrúvio; o Senhor Placêncio e suas adoráveis sobrinhas; Mercúcio e seu irmão Valentino; meu tio Capuleto, sua esposa e filhas; minha linda sobrinha Rosalina; Lívia; o Senhor Valêncio e seu primo Teobaldo; Lúcio e a alegre Helena.* Uma bela reunião. *(Devolve o papel.)* Aonde devem eles ir?

Criado – Lá para cima.

Romeu – Aonde?

Criado – Jantar; em nossa casa.

Romeu – Casa de quem?

Criado – Do meu amo.

Romeu – Claro! Eu devia ter perguntado antes.

Criado – Agora vou lhe contar sem que me pergunte: meu amo é o grande e rico Capuleto; e, se os senhores não são da casa dos Montéquio, eu vos rogo, venham e bebam uma taça de vinho. Passar bem.

(*Sai.*)

Benvólio – Nessa mesma e antiga festa dos Capuleto janta a linda Rosalina, a quem amas tanto, juntamente com todas as mais admiradas belezas de Verona. Vai até lá; e, com olhar imparcial, compara-lhe o rosto com alguns outros que te mostrarei, e farei com que comeces a pensar que esse teu cisne não passa de um urubu.

Romeu – Se a devota religião de meus olhos está alimentando uma tal falsidade, então que minhas lágrimas transformem-se em labaredas de fogo, e estes meus olhos – que vêm seguidamente se afogando em lágrimas e mesmo assim não conseguiram morrer –, heréticos transparentes, que sejam queimados, posto que mentirosos! Outra mais linda que meu amor! O sol, que a tudo vê, jamais viu outra que se lhe compare desde a origem do mundo.

Benvólio – Ora, tu a viste linda, sozinha, sem nenhuma outra por perto; ela e mais ela mesma pairando perante teus olhos. Mas, nessa tua balança cristalina, deixa que se pese teu amor contra outra donzela, a qual te mostrarei, brilhando nessa festa de hoje à noite, e vai se revelar parcimoniosamente bonita essa que agora te parece a mais linda de todas.

Romeu – Vou junto contigo à festa, não para que me mostres tal visão, mas sim para regozijar-me com o esplendor de minha própria visão.

(*Saem.*)

Cena III – *Uma sala na casa dos Capuleto.*

Entram Lady Capuleto e a Ama.

Lady Capuleto – Ama, onde está minha filha? Chama-a para mim.

Ama – Pois, por minha virgindade – perdida aos doze anos –, pedi-lhe que viesse para cá. – Qual o quê, essa ovelhinha! Qual o quê, essa menina-pássaro. – Deus que me perdoe, onde está essa moça? – Ora, Julieta!

Entra Julieta.

Julieta – O que está havendo? Quem me chama?

Ama – Tua mãe.

Julieta – Senhora minha mãe, aqui estou. O que deseja?

Lady Capuleto – O problema é o seguinte: – Ama, deixa-nos a sós um instante. – Precisamos ter uma conversa reservada, só nós duas. – Ama, volta; dei-me conta agora: deves ouvir nossa conversa. Conheces minha filha de há muito tempo.

Ama – Na verdade, posso dizer-lhe a idade em anos, meses, dias e horas.

Lady Capuleto – Ela ainda não completou quatorze.

Ama – Posso jurar por quatorze de meus dentes – mas, verdade seja dita, infelizmente só tenho quatro – que ela ainda não completou quatorze. Quantos dias faltam agora para o primeiro de agosto?

Lady Capuleto – Pouco mais de uma quinzena.

Ama – Pouco mais ou pouco menos, de todos os dias do ano, quando chegar a véspera do primeiro de agosto, à noite, ela terá feito quatorze anos. Susana e ela – Deus guarde todas as almas cristãs! – eram da mesma idade; bem, Susana está com Deus; ela foi muito boa para mim. – Mas, como eu ia dizendo, na véspera do primeiro de agosto, à noite, ela fará quatorze anos. Nossa Senhora, quatorze anos! Eu lembro bem: desde o terremoto, agora já se vão onze anos. E ela foi desmamada – jamais esquecerei –, de todos os dias do ano, exatamente naquele dia. Pois eu tinha passado losna nas tetas, e me sentara ao sol, recostada no pombal. Meu amo e a senhora estavam naquele dia em Mântua – que memória boa eu tenho, hein? – Mas, como eu ia dizendo, quando ela sentiu o gosto de losna no bico do seio, e sentiu que o gosto era amargo, essa bobinha, era de ver como ficou irritada e brigou com minha teta! O pombal chegou a sacudir, quase que quebra. Não havia necessidade para tanto, pensei eu, e me retirei, num passo arrastado, dorido. E desde então passaram-se onze anos. Pois àquela época ela já conseguia ficar de pé sozinha; mais ainda, juro pela cruz, ela podia correr, e se reboleava toda para cá e para lá. Pois exatamente no dia anterior ela tinha batido a testa, e então meu marido – que Deus o tenha! Aquele sim, era uma alma alegre – pegou a menina no colo: *Então*, disse ele, *caíste de cara no chão? Quando fores maiorzinha e souberes mais do mundo, cairás de costas. Combinado, Jule?* e, por minha Nossa Senhora, a infeliz, tão bonitinha, parou de chorar e respondeu: *Combinado*. Agora, para ver como surgem as histórias mais engraçadas! Eu juro, mesmo que eu viva mil anos, nunca vou esquecer: *Combinado, Jule?*, perguntou ele. E ela, tão bobinha, tão bonitinha, limitou-se a dizer *Combinado*.

Lady Capuleto – Já basta. Peço-te encarecidamente, para de falar.

Ama – Sim, senhora. E, no entanto, não consigo parar de rir, só de pensar que ela parou de chorar e disse *Combinado*. E posso lhe garantir, senhora, ela tinha na testa um galo tão grande como um colhão de galo, um tremendo calombo; e ela abriu o berreiro! *Então*, disse meu marido, *caíste de cara no chão? Quando fores maiorzinha e souberes mais do mundo, cairás de costas. Combinado, Jule?*, e ela controlou o choro e disse *Combinado.*

Julieta – E agora controla-te tu, minha ama, peço-te encarecidamente; desta vez sou eu quem está pedindo.

Ama – Pronto, já me calei. Benza Deus!, tu foste o bebê mais lindo que amamentei. E, se Deus quiser, vou estar viva para te ver casar; não é outro o meu desejo.

Lady Capuleto – Casar! Pois casamento é exatamente sobre o que vim falar. – Dize-me, filha Julieta, te sentes com disposição para enfrentar o casamento?

Julieta – Essa é uma honra com a qual nem sonho!

Ama – Uma honra! Não fosse eu tua única ama, e diria que mamaste sabedoria de teu próprio peito.

Lady Capuleto – Bem, pois começa a pensar em casamento a partir de agora. Mais novas que tu, aqui em Verona, há senhoras de respeito, que já são mães. Pelas minhas contas, eu já era tua mãe bem antes dessa idade em que tu agora continuas donzela. Assim sendo, mocinha, digo-te o seguinte, resumindo a história: o nobre Páris quer a ti por esposa.

Ama – Um homem, jovem senhorita! Minha senhorita, um homem desses é tudo que uma mulher sonha. Ora, ele é um homem muito teso!

Lady Capuleto – O verão de Verona está por ver fruto como esse, pleno de sementes.

Ama – Exatamente, um fruto. Na verdade, um fruto teso, carregado de sementes.

Lady Capuleto – Então, que me dizes? Poderias vir a amar o cavalheiro? Hoje à noite poderás observá-lo em nossa festa; estuda o livro que é o rosto do jovem Páris, e encontra nele prazer, escrito com a pena da beleza. Examina cada traço de sua fisionomia, um bem casado com o outro; e repara como um se harmoniza com o outro com satisfação. E, nesse lindo livro, o que quer que seja obscuro encontrará explanação nos olhos do rapaz. Esse precioso volume de amor, livro de folhas soltas, é amante que só precisa de encadernação para embelezá-lo. O pescado encontra-se dentro do mar; e seria muita soberba esconder com a beleza exterior a beleza interior. Esse livro, aos olhos de muitas, está coberto de glória, que com fechos de ouro guarda sua história dourada. E então? Gostarias de com ele compartilhar tudo o que ele possui, aceitando-o como teu amo, ao mesmo tempo que não te diminuis?

Ama – Diminuir! Ora, tornas-te maior; as mulheres aumentam de tamanho com os homens.

Lady Capuleto – Fala rápido: será que vais te agradar do amor de Páris?

Julieta – Vou observá-lo primeiro para gostar depois, se é que olhar pode trazer o gostar. Mas meu olhar, qual uma seta, não se atreverá a voar mais longe ou penetrar mais fundo do que permite o arco de seu consentimento, minha mãe.

Entra um Criado.

Criado – Madame, os convidados já chegaram, a janta está servida, e a senhora é requisitada, e a jovem senhorita também. A ama está sendo xingada na copa, e tudo está de pernas para o ar. Preciso ir agora, para servir os convidados. Eu suplico, senhora, que todas se apressem.

Lady Capuleto – Estamos indo. (*Sai o Criado.*) – Julieta, o conde espera por você.

Ama – Vai, menina, vai em busca de noites felizes que acompanhem os teus dias felizes.

(*Saem.*)

Cena IV – *Uma rua.*

Entram Romeu, Mercúcio, Benvólio, com cinco ou seis Mascarados, Portadores de Tochas e outros.

Romeu – E agora, vamos entrar nos desculpando com um discurso, ou chegamos sem apologias?

Benvólio – Nada de prolixidades; não se encaixam no dia de hoje. Não teremos nenhum Cupido de olhos vendados, empunhando um arco da Tartária, feito de ripa e pintado, assustando as moças como se fosse um espantalho. Tampouco teremos um prólogo sem livro, debilmente enunciado após o ponto haver anunciado nossa entrada. Em vez disso, eles que nos meçam por seus próprios critérios. Quanto a nós, dançamos alguns compassos e damos no pé.

Romeu – Deem-me uma tocha. Não estou aqui para perder tempo e, estando assim pesado o meu espírito, encarrego-me de carregar a luz.

Mercúcio – Nem pensar, gentil Romeu. Nosso compromisso aqui é fazê-lo dançar.

Romeu – Eu não, acreditem: vocês têm os sapatos certos para dançar, com uma base para passos ágeis. Minha base é esta alma de chumbo, que me estaqueia ao chão de tal modo que não consigo movimentar-me.

Mercúcio – És um romântico; toma emprestadas as asas de Cupido e eleva-te com elas acima da mediocridade.

Romeu – Estou tão dolorosamente flechado, por sua seta atravessado, que me é impossível voar com as leves asas de Cupido. Sinto-me tão limitado que, no máximo, consigo gemer mediocremente. Queixo-me de meu infortúnio e me vou afundando sob o peso deste amor.

Mercúcio – E afundar nesse amor é torná-lo ainda mais pesado sobre teus ombros – opressão grande demais para coisa tão terna.

Romeu – Coisa tão terna? O amor? Não; o amor é impiedoso, turbulento, e fere como um espinho.

Mercúcio – Se o amor foi impiedoso contigo, sê impiedoso com ele. Fere o amor só por ferir, e serás o vencedor dessa luta. Alcancem-me algo com que esconder meu rosto. (*Colocando uma máscara.*) Uma máscara para outra máscara! Que me importa que olhares alheios e curiosos observem minhas deformidades? Aqui está a carranca que irá envergonhar-se por mim.

Benvólio – Chegar perto, bater à porta e entrar; assim que estivermos lá dentro, cada um é responsável por seus próprios passos.

Romeu – Uma tocha para mim! Deixemos que os dissolutos, de coração leve, dancem, inticando com seus calcanhares os insensíveis juncos. Quanto a mim, encontro-me num ditado do tempo de meu avô: "Seguro a vela e observo". O jogo nunca esteve tão bom, e já estou encurralado.

Mercúcio – Ora, de cu ralado está o gato, como disse o próprio guarda. Se tu estás encurralado, vamos te arrancar miando dessas areias movediças desse tão reverenciado amor onde te enterraste até as orelhas. Vamos de uma vez, que estamos é perdendo tempo.

Romeu – Mas não é bem assim.

Mercúcio – O que estou tentando dizer, meu senhor, é que com este atraso desperdiçamos nossas luzes em vão, como lamparinas acesas em pleno dia. Aceita nosso conselho bem-intencionado, pois nosso bom-senso é cinco vezes mais poderoso que nossos cinco sentidos juntos.

Romeu – E estamos cheios de boa intenção para ir a essa festa. Mas nisso não há nenhum bom-senso.

Mercúcio – Pode-se perguntar por quê?

Romeu – Tive um sonho esta noite.

Mercúcio – Eu também.

Romeu – Bom, e o que sonhaste?

Mercúcio – Que os que sonham muitas vezes mentem.

Romeu – Na cama, dormindo, enquanto sonham coisas verdadeiras.

Mercúcio – Ah! Então recebeste a visita da Rainha Mab. Ela é a parteira das fadas; e aparece no tamanho e na forma de uma ágata que estivesse no dedo indicador de um edil; vem puxada por uma parelha de serezinhos insignificantes que se atravessam nos narizes dos humanos quando estes se encontram adormecidos. Os raios das rodas de sua carruagem são feitos de longas pernas de aranhas; a capota, de asas de gafanhotos; as rédeas, das mais finas teias; as coleiras, de raios encharcados de luar; seu chicote, do osso de um grilo; o açoite propriamente dito, de uma membrana; seu cocheiro, minúsculo borrachudo de fraque cinza, não chega a ser metade de pequena larva arredondada, puncionada do dedinho ocioso de uma donzela; sua carruagem é uma casca vazia de avelã, feita por um esquilo marceneiro ou então por velhas larvas de inseto, desde sempre os fabricantes de carruagem das fadas. E assim esplendorosa ela corre pelas noites, atravessando os cérebros dos amantes, quando então eles têm sonhos de amor; atravessa os joelhos dos cortesãos, que sonham com mesuras sem fim; atravessa os dedos dos advogados, que sonham sem fim com seus honorários; atravessa os lábios das senhoras, que sem fim sonham com beijos, lábios que a irascível Mab enche de aftas, porque o hálito dessas damas cheira a doces. Às vezes ela atravessa o nariz de um cortesão, e então ele sonha que está sentindo o cheiro de um traje novinho em folha; e às vezes ela vem com o rabinho de um leitão fazer cócegas no nariz de um pároco enquanto ele dorme, e então ele sonha com mais um benefício; às vezes ela dirige sua carruagem no pescoço de um soldado, e ele sonha que está degolando pescoços estrangeiros, sonha com gretas em fortificações, emboscadas, espadas espanholas, sonha com brindes à saúde e muita bebida; e então, logo em seguida, ela martela no ouvido do soldado, e ele acorda de um salto e, estando assustado, reza a Deus uma ou duas orações e volta a dormir. Essa é a mesma Mab que enreda a crina dos cavalos à noite e assa os cabelos dos elfos, tornando-os desgrenhados, fétidos, obscenos, cabelos que, uma vez desenredados, são sinal de muito azar. Essa é a feiticeira que, quando as donzelas encontram-se deitadas de costas, pesa sobre elas e é a primeira a ensinar-lhes a suportar um peso em cima, fazendo delas mulheres capazes de aguentar outras cargas. Essa é ela...

ROMEU – Paz, Mercúcio, um pouco de paz. Estás falando nada de coisa nenhuma.

MERCÚCIO – Lá isso é verdade. Estou falando de sonhos, que são os filhos de um cérebro ocioso, gerados de nada além de fantasias vãs, que em sua substância são tão ralas quanto o ar e mais inconstantes que a brisa, que flerta ainda agora com o coração setentrional e, quando se vê contrariada, volta desse norte bufando, dirigindo seus olhares para o sul, que se derrama em orvalhos.

Benvólio – Essa brisa da qual falas sopra sobre nós, a ponto de o indivíduo ficar fora de si. A ceia está servida, e vamos nos atrasar.

Romeu – Pois meu sentimento é de que vamos chegar cedo demais. Fico apreensivo, pensando que alguma consequência, ainda pendente das estrelas, iniciará, de modo amargo, seu tímido encontro com a festa desta noite. Temo que essa mesma consequência venha dar fim a uma vida desprezada, apertada em meu peito, por alguma penalidade vil de morte prematura. Mas Ele, aquele que segura o timão do curso de minha vida, que direcione minha vela!... Em frente, cavalheiros voluptuosos.

Benvólio – Tocai, tambores.

(*Saem.*)

Cena V – *Um salão na casa de Capuleto.*

Músicos estão esperando. Entram os Criados.

1º Criado – Cadê o Panela, que não está ajudando a tirar os pratos? Ele troca as travessas da carne e aproveita para raspá-las!

2º Criado – Quando os bons modos encontram-se todos nas mãos – não lavadas! – de um ou dois homens, é porque a coisa está fedendo.

1º Criado – Fora daqui estes banquinhos! Mudem o aparador de lugar! Atenção às travessas! – Meu amigo, guarda-me um pedaço de massapão; e, pelo amor que me tens, avisa ao porteiro para deixar entrar Susan Grindstone e Nell. – Antônio! E tu, Panela!

2º Criado – Ei, rapaz, pronto!

1º Criado – Estão te procurando, estão te chamando, estão perguntando por ti e estão à tua cata no salão principal.

2º Criado – Não se pode estar em dois lugares ao mesmo tempo. Ânimo, rapazes: mostrem que podem ser rápidos no serviço, e bem-sucedido será aquele que tem o fígado mais forte.

(*Retiram-se para os fundos.*)

Entram Capuleto e companhia, com os Convidados e os Mascarados.

Capuleto – Bem-vindos, cavalheiros! As damas que têm seus dedinhos dos pés livres de calos vão dançar com os senhores. – Ah, minhas senhoras! Qual de vós irá agora negar-se a dar uma volta pelo salão? Aquela que se fizer de rogada, dela direi que tem calos. Será que tropecei na verdade? – Bem-vindos, cavalheiros! Já se foram os dias em que eu podia usar uma máscara e sussurrar uma história qualquer aos ouvidos de uma linda dama, uma história que a agradasse. Mas esse tempo já se foi. Se foi. Sois bem-vindos, cavalheiros. Vamos lá, meus músicos, toquem. Para o meio do salão, abram espaço, façam espaço! Senhoritas, agora é dançar!

(*Toca-se a música, e eles dançam.*)

Mais luz, meus serviçais, e empilhem as mesas. E apaguem o fogo, que o lugar está ficando quente por demais. Ah, homens, este esporte imprevisto nos chega em boa hora. Senta-te, senta-te, meu bom primo Capuleto, pois que tu e eu já passamos da idade de dançar. Quanto tempo faz desde que tu e eu nos apresentamos mascarados num baile pela última vez?

2º Capuleto – Por Nossa Senhora, uns trinta anos.

Capuleto – Ora o quê, homem! Não faz tanto tempo assim. É desde o casamento do Lucêncio. Quando for Pentecostes, quer dizer, logo, logo, terão sido vinte e cinco anos; há vinte e cinco anos estávamos dançando mascarados.

2º Capuleto – Faz mais tempo, sim. O filho dele é mais velho que isso. O filho dele está com trinta anos.

Capuleto – Não me diga! Não faz mais de dois anos o filho dele ainda era menor de idade.

Romeu – Que dama é aquela que enfeita a mão daquele cavalheiro?

Criado – Não sei, senhor.

Romeu – Ah, ela ensina as tochas a brilhar! Parece estar suspensa na face da noite, tal qual joia rara na orelha de uma etíope; beleza incalculável, cara demais para ser usada, por demais preciosa para uso terreno! Assim como se apresenta alva pomba em meio a gralhas, apresenta-se aquela dama em meio a suas amigas. Depois desta dança, verifico onde ela se posiciona, e terei sua mão sobre minha rude mão, que será assim abençoada. Meu coração amou antes de agora? Esta visão rejeita tal pensamento, pois nunca tinha eu visto a verdadeira beleza antes desta noite.

TEOBALDO – Esse, pela voz, deve ser um Montéquio. Busca meu espadim, rapaz. – Como ousa, esse escravo, vir até aqui, escondido atrás dessa máscara estúpida, para rir e debochar de nossa festividade? Ora, pela estirpe e pela honra de minha família, matá-lo hoje não há de ser pecado.

CAPULETO – Meu parente! Aonde vais, e por que tão agitado?

TEOBALDO – Meu tio, esse é um Montéquio, nosso inimigo; um bandido, que aqui veio por despeito, para rir desta noite, para debochar de nossa festividade.

CAPULETO – Não é o jovem Romeu?

TEOBALDO – Ele mesmo, o bandido, Romeu.

CAPULETO – Contém tua fúria, gentil primo, e deixa-o em paz. Ele está se portando como um perfeito cavalheiro, e, para dizer a verdade, Verona gaba-se dele, por ser um jovem cheio de virtudes e bom-senso. Nem por toda a riqueza da cidade ia querer eu que ele fosse insultado aqui em minha casa. Portanto, peço-te paciência: ignora-o. Esta é minha vontade; se vais respeitá-la, mostra-te cortês e desenruga a testa, pois tua fisionomia assim não combina com uma festa.

Teobaldo – Combina quando um bandido é um dos convidados; não vou aturá-lo aqui.

Capuleto – Mas ele vai ser aturado aqui. Ora, por favor, meu rapaz! Eu estou mandando. Põe-te no teu lugar: o amo aqui sou eu ou és tu? Põe-te no teu lugar. Pois sim que não vais aturá-lo aqui! – Que Deus me ajude, criarias um motim entre meus convidados! Queres dar uma de galo? Não sejas presunçoso!

Teobaldo – Mas, meu tio, esta situação é vergonhosa.

Capuleto – Pela última vez, põe-te no teu lugar. És um rapaz insolente. Então a situação é vergonhosa, hã? Isso ainda pode te custar caro... Já sei. Precisas me contrariar! Ora, pois então é chegado o momento. – Muito bem dito, amigos! – Não passas de um frangote. Vai-te. Cala-te, ou... – Mais luz, mais luz! – Que vergonha! Sei o que fazer para calar-te. – Ora... Alegria, meus amigos.

Teobaldo – Paciência forçada, junto com uma cólera obstinada, faz minhas carnes tremerem, dada tamanha ambivalência. Prefiro me retirar. Mas essa invasão, que agora lhe parece divertida e doce, tornar-se-á amarga, puro fel.

(*Sai.*)

Romeu – Se com minha mão indigna profano este rico santuário, é esta a gentil multa que me disponho a pagar:

(*Dirigindo-se a Julieta.*)

Meus lábios, dois envergonhados peregrinos, encontram-se prontos para suavizar esse toque rude com um beijo terno.

Julieta – Bom peregrino, subestimas tua mão e a ela não fazes jus, que assim demonstrou respeitosa devoção. Pois os santos têm mãos que se deixam tocar pelas mãos dos peregrinos, e o beijo do romeiro dá-se palma com palma.

Romeu – Mas os santos têm lábios, e os romeiros também.

Julieta – Sim, peregrino, lábios que eles devem usar.

Romeu – Ah, então, minha santa criatura, permite que os lábios façam o que as mãos fazem; tens de concordar comigo em que elas se unem em prece, para que a fé não se transforme em desespero.

Julieta – Os santos não se movem, tens de concordar comigo, em consideração aos fiéis.

Romeu – Então não te movas enquanto minha prece eu executo. Assim, desde meus lábios, através dos teus, meu pecado é absolvido.

(*Beijando-a.*)

Julieta – Então meus lábios agora têm o pecado que tiraram de ti.

Romeu – Pecado tirado de meus lábios? Ah, violação com doçura instigada. Devolve a mim meu pecado.

Julieta – Beijas tão bem!

Ama – Senhorita, sua mãe gostaria de ter uma palavrinha consigo.

Romeu – Quem é a mãe dela?

Ama – Ora, meu rapaz, a mãe dela é a dona da casa, e uma grande dama, sábia e virtuosa. Quanto a mim, amamentei-lhe a filha, essa com quem conversavas. E digo mais: aquele que conseguir agarrá-la enche os bolsos de metal sonante.

Romeu – Ela é uma Capuleto? Que preço alto a pagar! Agora minha vida é dívida que tenho para com meu inimigo.

Benvólio – Embora, vamos andando; a festa está no auge.

Romeu – Sim, é isso que temo; o mais é meu desassossego.

Capuleto – Não, cavalheiros, não se vão ainda. Teremos logo em seguida um banquete à toa, uma ceiazinha somenos. Vão-se retirando, mesmo assim? Ora, então eu lhes agradeço a presença. Sou-lhes grato, honestos cavalheiros. Muito boa noite. – Mais tochas aqui! – Vamos lá, que depois vamos para a cama. Ah, meu amigo (*dirigindo-se ao 2º Capuleto*), está ficando tarde para mim; vou me retirar.

(*Saem todos, menos Julieta e a Ama.*)

Julieta – Vem cá, ama. Quem é aquele cavalheiro?

Ama – O filho e herdeiro do velho Tibério.

Julieta – E quem é aquele que agora está saindo?

Ama – Ora, aquele acho que é o jovem Petrúquio.

Julieta – E aquele que segue mais atrás, aquele que não dançou?

Ama – Não sei.

Julieta – Vai, pergunta-lhe o nome. Se for casado, meu leito de núpcias será meu túmulo.

Ama – Seu nome é Romeu, e é um Montéquio: filho único de seu grande inimigo.

Julieta – Meu único amor, nascido de meu único ódio! Cedo demais o vi, ignorando-lhe o nome, e tarde demais fiquei sabendo quem é. Monstruoso para mim é o nascedouro desse amor, que me faz amar tão odiado inimigo.

Ama – Mas o que é isso? O que é isso?

Julieta – Um poema que aprendi agora há pouco, com um rapaz com quem estive dançando.

(*Alguém, de dentro, chama: "Julieta!"*)

Ama – Num instante! Já vamos. – Vamos, embora. As visitas já se foram.

(*Saem.*)

Entra o Coro.

Coro – Agora o antigo desejo em seu leito de morte jaz, e a nova afeição já se oferece para ocupar seu lugar. Aquela beleza por quem padecia o jovem amoroso, por quem ele se dispunha a morrer, agora nem mesmo bela lhe parece quando comparada à suave Julieta. Agora Romeu é amado e ama mais uma vez, enfeitiçados os dois pelo encanto da beleza de suas juventudes. Mas à sua suposta inimiga ele vai se queixar; e ela vai morder a doce isca do amor de terríveis anzóis. Tido como inimigo, a ele está interditado sussurrar as juras que os amantes costumam trocar; e ela, tão apaixonada quanto ele, também não encontra meios de encontrar seu novo amado, fosse onde fosse. Mas a paixão lhes dá forças, e eles encontram o tempo para temperar extremo amargor com extrema doçura.

(*Saem.*)

SEGUNDO ATO

CENA I – *Um espaço aberto, vizinho ao jardim de Capuleto.*

Entra Romeu.

ROMEU – Como posso ir embora, quando meu coração está aqui? Dá meia-volta, corpo meu, terra insensível, e encontra teu centro de gravidade, o teu coração, fora de mim.

(*Ele escala o muro e pula para dentro do jardim.*)

Entram Benvólio e Mercúcio.

BENVÓLIO – Romeu! Meu primo Romeu!

MERCÚCIO – Ele é inteligente e, aposto o que quiseres, já foi para casa dormir.

BENVÓLIO – Ele correu nesta direção e pulou este muro de pomar. Chama-o, meu bom Mercúcio.

MERCÚCIO – Mais que chamá-lo, vou conjurá-lo também. – Romeu! volúvel! louco! apaixonado! amante! Aparece, sob a forma de um suspiro; declama um poema, e me darei por satisfeito. Chora "ai de mim!", pronuncia Amor junto com ardor. Fala para minha velha Vênus umas palavras bonitas; dá-lhe um apelido para seu filho e herdeiro, o catacego, jovem, seminu Cupido, aquele que atirou com tanta pontaria quando o Rei Cofétua apaixonou-se por uma donzela mendiga! – Ele não escuta, ele não se mexe, ele não se move; o idiota está morto, devo ressuscitá-lo. – Suplico-te, pelos olhos luminosos de Rosalina, por sua nobre fronte e seus lábios escarlates, por seus pezinhos mimosos, belas pernas, coxas apetitosas, e pelas regiões adjacentes que ali se encontram, suplico-te, tal como és, aparece para nós.

Benvólio – Se ele está te ouvindo, vais deixá-lo aborrecido.

Mercúcio – Isso não o aborrecerá. O que pode deixá-lo aborrecido é invocar um espírito de natureza estranha para dentro do círculo de sua amada e deixá-lo ali ficar, até que ela o deitasse por terra, até ela esconjurá-lo; isso sim, seria mesquinho. Minha invocação é bem-intencionada, honesta, e, pelo nome de sua amada, conjuro-o tão somente para chamá-lo à vida.

Benvólio – Vamos, ele se escondeu entre essas árvores, para unir-se à noite sombria. Cego é seu amor, e combina bem com a escuridão.

Mercúcio – Se o amor é cego, não pode acertar o alvo. Agora ele vai se sentar sob um pessegueiro e desejar que sua amada fosse aquele tipo de fruto que as donzelas chamam de pêssego quando riem sozinhas. Oh, Romeu, se ela fosse, oh, se ela fosse um par de nádegas que se entrega, e tu, uma pera rija! – Romeu, boa noite. – Recolho-me à minha cama, que este leito a céu aberto é frio demais para o meu sono. Então, vamos indo?

Benvólio – Vamos, que remédio! Pois será em vão procurar aqui por aquele que não quer ser encontrado.

(*Saem.*)

Cena II – *O jardim de Capuleto.*

Entra Romeu.

Romeu – Só ri de cicatrizes quem nunca sentiu na própria pele uma ferida.

(*Julieta aparece mais acima, a uma janela.*)

Mas, calma! Que luz é essa, que brilha através daquela janela? Vem do leste, e Julieta é o sol! – Levanta, ó belo sol, e acaba com a lua ciumenta, que já se encontra doente e pálida de dores virginais, porque tu, sua serva, és muito mais bonita que ela. Não aceites ser dela a serva, já que ela é invejosa. Sua farda vestal é anêmica, verdolenta, e somente os tolos a trajam; joga-a fora. – É minha dama; oh, é o meu amor! Ah, se ela soubesse que é minha amada! – Ela fala, e no entanto não diz nada. Mas, que importa? Seu olhar discursa, e eu responderei. – Que atrevimento de minha parte! Não é a mim que ela fala: duas das mais belas estrelas em todo o céu, tendo mais o que fazer, suplicam aos olhos dela que cintilem em suas esferas até que elas voltem. E se o olhar dela estivesse no céu, e as estrelas, em seu rosto? O brilho de sua face deixaria as estrelas coradas de vergonha, assim como a luz do dia deixa envergonhada qualquer lamparina. No céu, o olhar de minha amada flutuaria pelo éter, tão brilhante que os pássaros começariam a cantar, pensando que era dia. Como ela apoia o queixo na mão! Ah, se eu fosse uma luva, para vestir aquela mão, para tocar aquela face!

Julieta – Ai de mim!

Romeu – Ela disse alguma coisa. Ah, fale outra vez, anjo de luz! Pois tu és tão gloriosa nesta noite, pairando sobre minha cabeça, como um mensageiro alado do paraíso, para quem se elevam os olhares espantados dos simples mortais que caem de costas só para contemplá-lo quando ele monta em nuvens vagarosas e desliza sobre o coração do espaço.

Julieta – Ah, Romeu, Romeu! Por que tinhas de ser Romeu? Renega teu pai, rejeita teu nome; e, se assim não o quiseres, jura então que me tens amor e deixarei de ser uma Capuleto.

Romeu (*à parte*) – Devo escutar mais, ou devo falar agora?

Julieta – É só teu nome que é meu inimigo. Mas tu és tu mesmo, não um Montéquio. E o que é um Montéquio? Não é mão, nem pé, nem braço, nem rosto, nem qualquer outra parte de um homem. Ah, se fosses algum outro nome! O que significa um nome? Aquilo a que chamamos rosa, com qualquer outro nome teria o mesmo e doce perfume. E Romeu também, mesmo que não se chamasse Romeu, ainda assim teria a mesma amada perfeição que lhe é própria, sem esse título. Romeu, livra-te de teu nome; em troca dele, que não é parte de ti, toma-me inteira para ti.

ROMEU – Tomo-te por tua palavra: chama-me de teu amor, e serei assim rebatizado; nunca mais serei Romeu.

JULIETA – Quem é esse homem que, assim envolto pela noite, tropeça em meu segredo?

ROMEU – Com um nome, não sei como te dizer quem sou. Meu nome, minha santa, é odioso a mim mesmo, porque é inimigo teu; se o tivesse escrito, rasgaria a palavra.

JULIETA – Meus ouvidos ainda não saciaram a sede de uma centena de palavras articuladas por essa língua, e no entanto conheço esse som; não és Romeu, e um Montéquio?

ROMEU – Nem um nem outro, bela santa, se te desagradam os dois.

JULIETA – Como vieste parar aqui, conta-me, e por que razão? Os muros do pomar são altos e difíceis de escalar, e, considerando-se quem és, este lugar é sinônimo de morte, no caso de um parente meu encontrar-te aqui.

ROMEU – Com as asas leves do amor superei estes muros, pois mesmo barreiras pétreas não são empecilho à entrada do amor. E aquilo que o amor pode fazer é exatamente o que o amor ousa tentar. Assim sendo, teus parentes não são obstáculo para mim.

Julieta – Se eles te veem, vão matar-te.

Romeu – Ai de mim! Teu olhar é mais perigoso que vinte das espadas de teus parentes. Basta que me olhes com doçura, e estou a salvo da inimizade deles.

Julieta – Por nada neste mundo quero que eles te vejam aqui.

Romeu – Tenho o manto da noite para me ocultar dos olhos deles. E, se não me amas, deixa que eles me encontrem aqui. É melhor ter minha vida cerceada pelo ódio de teus parentes que ter a morte prorrogada, carente eu de teu amor.

Julieta – Com instruções de quem encontraste este lugar?

Romeu – Instruções do amor, que foi quem primeiro me levou a indagar. Ele me aconselhou, e emprestei a ele meus olhos. Não sou piloto; mas, se estivesses tão longe quanto aquela enorme praia banhada pelo mais distante dos oceanos, ainda assim me arriscaria por mercadoria tão preciosa.

Julieta – Sabes que a máscara da noite cobre meu rosto; não fosse assim, um rubor de donzela tingir-me-ia as faces em função daquilo que me ouviste falar esta noite. Com prazer eu me concentraria na forma, e prazerosamente negaria tudo que disse. Mas... adeus, formalidades! Tu me amas? Sei que vais dizer que sim, e aceitarei tua palavra. Entretanto, se me juras amor, podes estar te mostrando falso.

Dizem que Júpiter ri dos perjúrios dos amantes. Ah, gentil Romeu, se verdadeiramente amas, dize-o com fé. Se achas que foi muito fácil me ganhar, vou me aborrecer e serei perversa e te direi não, para que me faças a corte; afora isso, por nada deste mundo me aborrecerei contigo. Na verdade, belo Montéquio, estou por ti apaixonada, e podes, consequentemente, pensar que sou de comportamento leviano. Mas confia em mim, cavalheiro, e posso te mostrar que sou mais sincera que outras, que, por pura artimanha, mostram-se difíceis. Eu deveria ter sido mais pudica, devo confessar. Mas, uma vez que escutaste sem querer, e sem que eu soubesse, a paixão do meu verdadeiro amor, perdoa-me, e não interprete como amor volúvel este meu entregar-se, que a noite escura deste modo revelou.

Romeu – Senhorita, juro por essa lua abençoada que delineia em prata o topo de todas essas árvores frutíferas...

Julieta – Ah, não jures pela lua! A lua é inconstante e muda a cada mês em sua órbita circular, e teu amor pareceria variável também.

Romeu – Por que ou por quem então devo jurar?

Julieta – Não jures, simplesmente. Ou, se preferires, jura por ti mesmo, o deus de minha idolatria, e eu te acreditarei.

Romeu – Se o precioso amor deste meu coração...

Julieta – Ora, não jures. Embora sejas minha alegria, não me alegro com o contrato desta noite, pois ele é muito precipitado, muito insensato, muito súbito, muito assim como o relâmpago, que cessa de existir antes que se possa dizer que ele brilhou. Meu querido, boa noite! Este amor em botão, depois de amadurecer com o hálito do verão, pode se mostrar uma bela flor quando nos encontrarmos novamente. Boa noite, boa noite! Que chegue ao teu coração o repouso, um descanso tão suave quanto o que há dentro de meu peito.

Romeu – Ah, vais me deixar assim, insatisfeito?

Julieta – Que satisfação podes querer esta noite?

Romeu – Trocares comigo promessas de amor fiel.

Julieta – Meu amor te prometi antes mesmo de o teres requisitado. E meu desejo era poder prometê-lo agora.

Romeu – Querias poder retirar tua promessa de amor? Para quê, minha querida?

Julieta – Só para ser sincera, e para prometer-te meu amor uma vez mais. E, no entanto, desejo apenas o que já tenho. Como o mar, meu amor é profundo e minha entrega desconhece fronteiras. Quanto mais me doo a ti, mais eu tenho, pois tanto meu amor quanto minha entrega são infinitos.

(*De dentro, ouve-se a voz da Ama, chamando.*)

Ouço um barulho, é gente chegando. Meu amor, adeus! – Já vou, minha boa ama. – Doce Montéquio, sê fiel. Fica mais um pouco, que eu já volto.

(*Sai.*)

Romeu – Oh, abençoada, abençoada noite! Temo, por ser noite, que tudo não passe de um sonho, sonho tão doce e lisonjeiro que não seria substancial.

Acima, reentra Julieta.

Julieta – Três palavrinhas, meu querido Romeu, e depois boa noite. Se essa tua inclinação amorosa for honrada, se for tua intenção o casamento, manda-me um recado amanhã, pela pessoa que enviarei ao teu encontro. Manda dizer onde e a que horas celebrarás a cerimônia, e todos os meus tesouros deitarei aos teus pés. E seguirei a ti, meu amo e senhor, em qualquer parte do mundo.

Ama – (*Ouve-se sua voz, que vem de dentro da casa.*) Senhorita!

Julieta – Já estou indo. – Mas, se não forem honrados os teus propósitos, eu te imploro...

Ama – (*De dentro da casa.*) Senhorita!

Julieta – Já vou, já vou! – ...termina aqui com teus pedidos, deixa-me a sós com minha dor. Amanhã envio uma pessoa ao teu encontro.

Romeu – Que minha alma sobreviva...

Julieta – Pela milésima vez, boa noite!

(*Sai.*)

Romeu – Pela milésima vez, isto é pior que tudo: ficar sem tua luz! – O amor procura o amor assim como os meninos fogem dos livros escolares; mas quando o amor do amor se separa, fica como os meninos dirigindo-se à escola: de ar sombrio.

(*Retirando-se com vagar.*)

Acima, reentra Julieta.

Julieta – Pst! Romeu! Pst! – Ah, quem me dera ter a voz possante de um falcoeiro, para atrair de volta esse varão. O cativeiro tem voz rouca e não lhe é permitido falar alto. Do contrário, eu penetrava a caverna de Eco e tornava sua língua etérea mais áspera que a minha só pelo fato de repetir e repetir e repetir o nome do meu Romeu.

Romeu – É minha alma que chama meu nome. Com som suave de prata as línguas dos amantes à noite parecem a mais doce música aos ouvidos de quem escuta.

Julieta – Romeu.

Romeu – Minha querida?

Julieta – A que horas amanhã devo enviar uma pessoa ao teu encontro?

Romeu – Às nove.

Julieta – Sem falta. E até lá terão se passado vinte anos. Esqueci por que te chamei de volta.

Romeu – Deixa-me ficar aqui até que te lembres.

Julieta – Assim não vou lembrar, que é para te ter aí parado, lembrando de como gosto de tua companhia.

Romeu – E ficarei aqui parado, que é para te ter esquecida, esquecendo até mesmo que existe outra família que não a tua.

Julieta – Já está amanhecendo. O certo seria eu ter te mandado embora, porém não mais longe que o passarinho da mulher devassa, que o deixa saltitar um pouquinho fora de sua mão, como um pobre prisioneiro, enroscado em seu grilhões, para depois, com fio de seda, puxá-lo de volta, tão amorosa-ciumenta de sua liberdade.

Romeu – Quisera eu ser teu passarinho.

Julieta – Querido, eu também. Mas sei que o mataria de tanto afago. Boa noite, boa noite, boa noite! A despedida é dor tão doce que ficarei aqui te dizendo boa noite até que seja dia.

(*Sai.*)

Romeu – Que o sono habite teus olhos, que a tranquilidade aninhe-se em teu peito. Quisera eu ter sono e tranquilidade, assim suaves, para sossegar. Por isso vou agora à cela de meu pai espiritual, em busca de sua ajuda, e também para lhe contar de minha felicidade.

(*Sai.*)

Cena III – *A cela de Frei Lourenço.*

Entra Frei Lourenço com um cesto.

Frei Lourenço – Esta manhã de olhos cinzentos sorri para a noite carrancuda, quadriculando as nuvens do leste com riscas de luz; e a escuridão maculada como um bêbado oscila na estrada da luz do dia e nas rodas fogosas do Titã. Agora, antes que o sol apresse seu olho ardente, para alegrar o dia e secar o orvalho pegajoso da noite, preciso encher este cesto de vime com ervas daninhas e com preciosas e sumarentas flores. A terra, mãe da natureza, é também seu túmulo. A mesma terra que lhe serve de sepultura é útero. E, saídos deste útero, filhos de todo tipo encontramos, sugando em seu seio natural. Muitos deles excelentes, dadas as suas muitas virtudes; alguns deles sem virtude alguma, e, assim mesmo, todos diferentes. Oh, enorme é a poderosa graça que têm as ervas, plantas, pedras, com suas reais qualidades; pois nada vive na terra que seja tão vil que não tenha algum bem em especial para lhe doar; e nada é tão bom que não possa ser mal-empregado e, contrário à sua própria origem, chegar às raias do abuso. Mal-aplicada, a virtude transforma-se em vício, e o vício, pela ação, pode por vezes ser dignificado. Dentro da corola ainda criança desta florzinha mínima o veneno encontrou abrigo, e a medicina encontrou poder. Ao ser cheirada, esta partezinha traz euforia a cada parte do corpo; ao ser provada, mata todos os sentidos e ainda o coração. Acampam-se, de sentinela, a graça e a desgraça, dentro do homem e das plantas, defendendo reis tão rivais. E onde a pior delas predominar, logo, logo o tumor canceroso termina por comer o vegetal.

Entra Romeu.

Romeu – Bom dia, padre.

Frei Lourenço – *Benedicite!* Que boca madrugadora tão docemente me saúda? Meu filho, meu jovem, dar bom dia assim tão cedo à tua cama é sinal de uma mente destemperada. A preocupação fica de sentinela nos olhos de cada velho, e, ali onde a preocupação encontra guarida, o sono jamais é conciliado. Mas ali onde a juventude, sem machucados, com a mente desocupada, aninha pernas e braços é onde reina o sono dourado. Portanto, o fato de teres chegado aqui tão cedo dá-me a certeza de que estás enfermo. Ou, se não é esse o caso, então, agora sim, estou certo: nosso Romeu nem chegou a deitar-se essa noite passada.

Romeu – A segunda hipótese é a verdadeira. O mais doce dos repousos foi o meu.

Frei Lourenço – Deus que te perdoe esse pecado! Estiveste com Rosalina?

Romeu – Com Rosalina, meu bom padre? Não. Esqueci esse nome e, com ele, o pesar que me causou.

Frei Lourenço – Esse é o meu bom filho Romeu. Mas onde estiveste, então?

Romeu – Direi onde, uma vez que me pergunta. Estive festeando em casa de meu inimigo, onde, do modo mais repentino, fui ferido por quem eu mesmo feri. Ambos nossos unguentos estão em suas mãos, em sua sacra medicina. Não há ódio dentro de mim, meu santo homem, pois, veja, minha mediação também ameaça meu inimigo.

Frei Lourenço – Sê claro, meu filho, e mais simples nesse teu turbilhão. Uma confissão enigmática não passa de uma confissão enigmática.

Romeu – Então simplesmente digo ao senhor que o amor do meu coração é a bela filha do rico Capuleto.

Meu amor é ela, e o amor dela sou eu. Tudo combinado, só falta aquilo que o senhor deve combinar em santo matrimônio. Quando e onde e como nos encontramos, namoramos e trocamos juras de amor, tudo isso posso lhe contar com o tempo. Mas, imploro, consinta em nos casar ainda hoje.

Frei Lourenço – Por São Francisco, que mudança temos aqui! Rosalina, a quem amavas com tanta intensidade, foi tão rapidamente esquecida? Então o amor dos jovens encontra-se não verdadeiramente em seus corações, mas em seus olhos. Jesus Maria, quanta lágrima não banhou tuas faces pálidas por causa de Rosalina! Quanto desperdício de água salgada para temperar um amor que terminou ficando insosso! No céu, o sol nem bem desanuviou os teus suspiros, e, nos meus velhos ouvidos, ainda soam teus velhos gemidos. Olha, aqui, sobre tua face, um vinco ainda se vê de uma velha lágrima que nem bem secou. Se alguma vez estiveste em teu juízo perfeito, e foram tuas essas dores, tanto tu como as dores viviam por Rosalina, para Rosalina. E agora mudaste? Repete então esta frase: justifica-se que as mulheres caiam, quando nos homens não há força.

Romeu – O senhor seguidamente me censurava por amar Rosalina.

Frei Lourenço – Não por amares, mas porque babavas por ela, meu pupilo.

Romeu – E me aconselhava a sepultar esse amor.

Frei Lourenço – Mas não em cova tão rasa que, mal enterrado um corpo, já estás atrás de outro.

Romeu – Rogo-lhe, não me censure. Essa que amo agora responde com ternura à ternura, responde com amor ao amor; com a outra não foi assim.

Frei Lourenço – Ah, ela sabia muito bem que teu amor calcava-se em palavras decoradas; na hora de escrevê-las, não saberias soletrá-las. Mas vem, meu volúvel rapaz, vem comigo. Em um aspecto serei teu assistente: essa aliança pode ser feliz – a ponto mesmo de transformar o rancor das duas famílias em puro amor.

Romeu – Pois vamos logo; tenho tanta pressa!

Frei Lourenço – Ir devagar seria mais sábio. Só tropeça quem corre.

(*Saem.*)

Cena IV – *Uma rua.*

Entram Benvólio e Mercúcio.

Mercúcio – Aonde diabos foi se enfiar Romeu? Não foi para casa na noite passada?

Benvólio – Para a casa dos pais é que não foi; estive falando com seu criado de quarto.

Mercúcio – Ah, aquela Rosalina de sempre, pálida, coração de pedra, atormenta-o de tal modo que ele terminará por enlouquecer.

Benvólio – Teobaldo, parente do velho Capuleto, mandou uma carta à casa do pai de Romeu.

Mercúcio – Um desafio, só pode ser.

Benvólio – Com certeza Romeu responderá.

Mercúcio – Qualquer homem que saiba escrever pode responder a uma carta.

Benvólio – Mas não, ele mesmo vai pessoalmente responder ao autor da carta, para mostrar como, ao ser provocado, também sabe ousar.

Mercúcio – Mas, pobre Romeu, ele já está morto! – apunhalado pelos olhos escuros daquela pálida Rosalina; atingido no ouvido por uma canção de amor; o próprio cerne de seu coração fissurado pela seta do menino-arqueiro, que é cego e praticante de flecha ao alvo. Então te pergunto: é ele o homem certo para enfrentar Teobaldo?

Benvólio – Ora, o que é esse Teobaldo?

Mercúcio – Mais que o Príncipe dos Gatos, isso eu te asseguro. É ele o corajoso capitão das formalidades. Luta como tu cantas, lendo a partitura: obedece aos tempos, aos compassos, ao equilíbrio. Faz pausas nas mínimas, e é um, e é dois, e é três no teu peito: o próprio açougueiro de um botão forrado de seda, um duelista. Um duelista, um cavalheiro de primeira, esgrimista formado, defensor das primeiras causas. Ah, aquele lunge inesquecível! E cada bloqueio! O *touché*!

Benvólio – O quê?

Mercúcio – A sífilis que têm esses pseudo-excêntricos, cheios de trejeitos, fala ciciada, esnobes afetados, esses que inventam novos sotaques! – *Por Deus, que lâmina afiada!* – *um homem que sabe se* *impor! – um belo sem-vergonha a ser idolatrado!* – Ora, se não é isso uma coisa lamentável, meu velho, que nos vejamos assim afligidos por essas moscas alienígenas, esses inventadores de moda, esses *pardonnez-moi* que se equilibram tão bem nessas novas formas que não conseguem mais usar um velho banquinho? Ah, eles e suas nádegas afetadas! Ah, eles e seus *très bon!*

Benvólio – Romeu vem vindo, Romeu vem vindo.

Mercúcio – Sem o "meu", fica um Ro-"dela", e mais parece um arenque defumado, manjuba inerte. – Ah, carne, carne, como estás em peixe morto transformada! – Agora está ele imerso na lírica que desaguava em Petrarca: Laura, em comparação com sua amada, não passa de uma ajudante de cozinha, mas, sim, ela teve quem melhor a cantasse em versos; Dido, uma desajeitada; Cleópatra, uma cigana; Helena e Hero, meretrizes, pessoas baixas; Tisbe, uma criatura insignificante...

Entra Romeu.

Signor Romeu, *bon jour!* – uma saudação em francês para teu cocô à francesa. Bem que nos passaste para trás ontem à noite.

Romeu – Bom dia para vocês dois. Como que os passei para trás?

Mercúcio – Fugiste, homem, fugiste de nós. Não te deste conta?

Romeu – Perdão, meu bom Mercúcio, meu assunto era de grande importância; e, num caso como o meu, qualquer homem deixaria de lado as cortesias.

Mercúcio – É o mesmo que dizer que, num caso como o teu, qualquer homem seria levado a fazer mesuras dentro das calças.

Romeu – O que quer dizer que sua intenção era ser cortês.

Mercúcio – Pois assim o fizeste de modo gentilíssimo, indo direto ao ponto.

Romeu – Uma explanação extremamente cortês.

Mercúcio – Ora, sou a cortesia em pessoa.

Romeu – Uma flor de pessoa.

Mercúcio – Exatamente.

Romeu – Ora, lá por isso meu sapato também é uma flor. Mas meu coração está florido.

Mercúcio – Bem observado. Segue-me agora nesta piada, antes de abrires mão de teu coração: quando a alma de teu sapato estiver gasta, que te permaneça o humor deste trocadilho, após usada e gasta tua alma única e singular.

Romeu – Ah, piada de alma única, humor único calçado em sua singularidade.

Mercúcio – Aparta-nos, meu bom Benvólio; minha perspicácia está chegando ao fim.

Romeu – Chicote e esporas, chicote e esporas. Do contrário, sou eu o vencedor.

Mercúcio – Nada disso. Tua perspicácia só busca piadas absurdas e os patos que delas riam. Daí que o vencedor sou eu, pois tens mais absurdidade em um só sentido do que eu em todos os cinco, disso tenho certeza. Não estive junto contigo à caça de patos?

ROMEU – Nunca estiveste junto comigo para coisa nenhuma quando não estiveste à caça de patos.

MERCÚCIO – Mordo-te a orelha por essa bobagem.

ROMEU – Que nada, meu bom pato, não mordes.

MERCÚCIO – Teu humor está meio amargo, na verdade mais para molho picante.

ROMEU – E não combina bem com pato doce?

MERCÚCIO – Ah, o que temos aqui? Uma piada que é um tapa com luva de pelica! Pelica essa que, da largura de um dedo, estica até medir uma vara de largura.

ROMEU – Estico-a por essa palavra: largura, que, acrescentada ao bicho, vem provar que não passas de um gordo e grande pato.

MERCÚCIO – Agora, cá entre nós, não é melhor isto que gemer de amor? Agora estás sociável; agora estás Romeu; agora és tu aquilo que és, por natureza e por artimanha. Pois esse amor que faz babar é como um grande imbecil, um bufão, correndo para cima e para baixo, sempre de língua de fora, sempre disposto a enterrar sua vara num buraco.

BENVÓLIO – Vamos parando por aqui, vamos parando por aqui.

MERCÚCIO – Queres que eu corte minha história aqui, em sua parte mais traseira, mas isso vai contra os meus princípios.

Benvólio – Se não a cortas por aqui, vais criando um rabo que não tem fim.

Mercúcio – Ah, mas aí é que te enganas. Eu teria encurtado a história, pois eu tinha já acabado, em toda a extensão deste rabo. Na verdade, eu não pretendia prolongar ainda mais o argumento.

Romeu – Aí está, um argumento apreciável e de bom tamanho.

Entram a Ama e Pedro.

Mercúcio – Barco à vista! Uma vela enfunada!

Benvólio – A bem da verdade, duas: camisa e camisola.

Ama – Pedro!

Pedro – Pois não?

Ama – Meu leque, Pedro.

Mercúcio – Rápido, meu bom Pedro, para esconder-lhe a cara; porque o leque é mais bonito.

Ama – Deus vos dê bom dia, cavalheiros.

Mercúcio – Deus lhe dê boa tarde, gentil senhora.

Ama – Já é boa tarde?

Mercúcio – Nada menos que tarde, lhe asseguro; pois a mão obscena que é a sombra do ponteiro do relógio de sol encontra-se agora sobre o pau que traça o meio-dia.

Ama – Passa fora! Mas que tipo de homem és tu?

Romeu – Um homem, minha gentil senhora, que Deus fez com suas próprias mãos para depois estragá-lo.

Ama – Por tudo que eu sei, isso está muito bem dito; – para ele mesmo estragá-lo, não é assim? – Cavalheiros, pode um dentre vós dizer-me onde posso encontrar o jovem Romeu?

Romeu – Eu posso dizer-lhe. Mas o jovem Romeu estará mais velho quando o encontrar do que ele era quando a senhora começou a procurá-lo. Sou eu o mais jovem com esse nome, por falta de um pior.

Ama – Dizes bem.

Mercúcio – Mas então um pior serve? Muito bem apanhado, de fato; com conhecimento de causa, com sabedoria.

Ama – Se é o jovem Romeu, senhor, gostaria de trocar consigo uma palavrinha em particular.

Benvólio – Ela vai entregar a ele convite especial para alguma ceia.

Mercúcio – Alcoviteira! Cafetina! Pois então!

Romeu – A que conclusão chegaste?

Mercúcio – Gato por lebre, senhor; a menos que seja uma lebre para a penitência da Quaresma, senhor, que vai nos chegar velha, seca e pelancuda antes mesmo de ser comida.

(*Canta.*) Lebre pelancuda,
E puta pelancuda,
É carne pra penitência;
Carne velha
É ruim de traçar,
Não vale a pena comprar.
Romeu, vais à casa de teu pai? Vamos jantar lá.

Romeu – Vou logo depois de vocês.

Mercúcio – Adeus, velhíssima dama; adeus – (*cantando*) – dama, dama, dama.

(*Saem Mercúcio e Benvólio.*)

Ama – Ora, adeus! Eu lhe pergunto, senhor: quem é esse impertinente malicioso que tanto se gaba de suas grosserias?

Romeu – Um cavalheiro, ama, que adora ouvir a própria voz; e fala mais em um minuto do que se apresenta pronto para a ação em um mês.

Ama – Se ele fala qualquer uma coisa contra mim, eu o derrubo, nem que ele fosse mais fortão, e vinte vezes mais homem. E, se eu não puder, encontro quem possa. Patife miserável! Não sou nenhuma das mulheres devassas dele; não sou nenhuma das vagabundas dele. – E tu, tens que ficar parado também, e deixar tudo que é safado abusar de mim como bem entender?

Pedro – Não vi nenhum homem abusando da senhora como bem entendesse; tivesse visto e minha arma já estaria desembainhada, isto eu lhe garanto. Saco tão rápido quanto qualquer outro, sempre que a oportunidade se apresenta numa boa briga, e quando sei que a lei está do meu lado.

Ama – Agora, por Deus, estou tão perturbada que todo o meu corpo está tremendo. Patife miserável! – Eu lhe peço, senhor, uma palavrinha em particular. Como eu ia lhe dizendo, minha jovem senhora pediu-me que viesse lhe perguntar umas coisas. O que ela me pediu que perguntasse, isto é segredo meu. Mas primeiro deixe que eu lhe diga: se está pensando em passar-lhe a perna, como se diz, esse seria um comportamento dos mais nojentos, como eu digo. Porque a gentil senhorita é novinha e, portanto, se o senhor está pensando em fazê-la de boba, isso seria verdadeiramente muita maldade a se fazer com qualquer gentil senhorita, e um ato muito pouco nobre.

ROMEU – Ama, recomenda-me à tua senhora e patroa. Agora, quero negar-te...

AMA – Bom coração, e, por minha fé, vou dizer a ela tudo isso. Meu Deus, meu Deus, ela vai ser uma mulher feliz.

ROMEU – O que vai contar a ela, ama? A senhora nem está me ouvindo.

AMA – Vou contar a ela, senhor... que o senhor negou, o que é, segundo minha interpretação, a reação de um cavalheiro.

ROMEU – Peça a ela que encontre algum meio de sair para se confessar agora à tarde. E na cela de Frei Lourenço ela deverá se confessar e se casar. Tome aqui, por seu incômodo.

AMA – Não, verdadeiramente não, senhor. Nem um centavo.

ROMEU – Vamos, pegue. Estou dizendo que a senhora deve pegar.

AMA – Agora de tarde, senhor? Bem, ela comparecerá.

ROMEU – Espere, boa ama, atrás do muro da abadia. Em menos de uma hora, meu criado virá ao seu encontro, para trazer-lhe uma escada de cordas, que me alçará em plena noite sagrada ao mais alto mastaréu de minha alegria. Adeus; seja fiel a nós e saberei lhe recompensar por seu incômodo. Adeus; recomende-me à sua patroa.

AMA – Ah, que Deus no Paraíso o abençoe! – Agora, escute-me bem.

ROMEU – Que disse, minha querida ama?

AMA – Esse seu criado... é discreto? O senhor nunca ouviu falar que, segredo entre dois, só se um for descartado?

ROMEU – Garanto-lhe, meu criado é fiel como um cão, duro como o aço.

AMA – Muito bem, senhor. Minha patroa é a mais doce das damas. – Meu Deus, quando ela era uma coisinha assim, e tagarela! – Escute, tem um nobre na cidade, um tal de Páris, que de bom grado marcaria com o aço de sua espada seu lugar ao lado de minha patroa. Mas ela, boa alma, prefere ver um sapo, um sapo mesmo, a ver esse Páris. Às vezes eu a provoco, dizendo que esse Páris é o homem certo para ela, o mais bonito. Mas eu lhe garanto, senhor: quando digo isso, ela fica pálida como o mais quarado dos cueiros deste mundo. Pois rosmaninho e Romeu não começam com a mesma letra?

ROMEU – Sim, ama, as duas palavras começam com erre. Mas, e daí?

Ama – Ah, seu brincalhão! Esse é o nome do cachorro. “Rrrr” é o nome do cachorro. Não, eu sei que “cachorro” começa com outra letra. Mas ela tem os mais lindos fraseados com isso, com o senhor e rosmaninho, e lhe faria muito bem ouvi-los.

Romeu – Recomende-me à sua patroa.

Ama – Sim, mil vezes recomendarei.

(*Sai Romeu.*)

Pedro!

Pedro – Pois não?

Ama – Pedro, pega meu leque e vai na frente.

(*Saem.*)

Cena V – *O jardim de Capuleto.*

Entra Julieta.

Julieta – O relógio bateu as nove horas quando mandei a ama. Ela prometeu que estaria de volta em meia hora. Talvez não tenha conseguido encontrá-lo. – Não pode ser. – Ah, ela é lenta, uma capenga! Os arautos do amor deveriam ser os pensamentos, que deslizam dez vezes mais rápido que os raios do sol, afastando as sombras das colinas encobertas. Por isso as ágeis pombas que puxam a carruagem de Vênus atraem o amor, e por isso tem asas Cupido, veloz como o vento. Agora o sol está sobre o ponto máximo de sua jornada no dia de hoje; e das nove às doze são três longas horas... e ela ainda não chegou.

Tivesse ela desejos e o sangue ardente da juventude, realizaria o movimento rápido de uma bola. Minhas palavras a gariam nos braços de meu doce amor, e as dele, nos meus. Mas gente velha... muitos se imaginam mortos: pesados, lentos, graves e pálidos, como se chumbo fossem. Meu Deus, é ela que chega!

Entram a Ama e Pedro.

Ah, minha doce, doce ama, quais são as notícias? Conseguiste te encontrar com ele? Manda embora teu criado.

Ama – Pedro, espera no portão.

(*Sai Pedro.*)

Julieta – Agora, minha boa e doce ama... Ah, meu Deus, por que a tristeza no teu rosto? Se as notícias são tristes, mesmo assim conta-as com alegria; se são boas, estarás desafinando a melodia de doces novas ao tocá-la para mim com cara tão azeda.

Ama – Estou cansadíssima, deixa-me tomar fôlego. Ai, como me doem os ossos. Foi uma caminhada e tanto!

Julieta – De bom grado eu trocaria meus ossos por tuas notícias. Mas agora, vamos, eu te peço, fala. Minha boa e querida ama, fala.

Ama – Meu Jesus, quanta pressa! Não podes esperar nem um pouquinho? Não vês que ainda estou sem fôlego?

Julieta – Como podes estar sem fôlego quando tens fôlego para me dizer que estás sem fôlego? A desculpa que dás para essa tua demora em falar é mais longa que a fala que tens para me dar. São boas ou más as notícias? Responde a isso. Dize uma ou outra, e então poderei esperar pelos detalhes. Satisfaze-me: as notícias são boas ou más?

Ama – Bem, a senhorita fez uma escolha das mais simplórias; não sabe escolher homem. Romeu! Não, ele não. Apesar de rosto dele ser melhor que o de qualquer outro homem, ainda assim as pernas são superiores a de todos os homens; e as mãos, e os pés, e o corpo... é melhor nem começar a falar, ainda que se diga que não têm comparação. Ele não é flor de cortesia – mas garanto que é dócil como um cordeiro. – Segue teu caminho, rapariga, e serve a Deus. – Mas como, já jantaram nesta casa?

Julieta – Não, não. Mas isso tudo eu já sabia. O que diz ele de nosso casamento? Tens notícias disso?

Ama – Senhor, como dói a minha cabeça! Que dor de cabeça que eu tenho! Lateja como se fosse rebentar e se dividir em vinte. Minhas costas, do outro lado. Ai, minhas costas, minhas costas! – Maldito seja o teu coraçãozinho, por me mandar a correr por aí, para cima e para baixo, indo ao encontro de minha morte.

Julieta – Juro-te, eu sinto muitíssimo que não estejas bem. Minha querida, doce, amada ama, conta-me, o que disse meu amor?

Ama – Teu amor disse, como um cavalheiro honesto, e cortês, e gentil, e bonitão, e – garanto-te – virtuoso... – Onde está a tua mãe?

Julieta – Onde está a minha mãe? – Ora, está lá para dentro. Onde mais estaria? Que resposta mais estapafúrdia tu me dás! *Teu amor disse, como um cavalheiro honesto... Onde está a tua mãe?*

Ama – Oh, Virgem Santíssima! A senhorita está assim tão fogosa? Deveras! Chega mais perto. É esse o cataplasma que tens para os meus ossos doloridos? De hoje em diante, tu levas os teus próprios recados.

Julieta – Que tempestade em copo d'água! Vamos, o que disse Romeu?

Ama – Tens permissão para ires te confessar hoje?

Julieta – Tenho.

Ama – Então não percas tempo, corre daqui para a cela de Frei Lourenço; lá estará um noivo esperando para fazer de ti uma mulher. Agora sobe-te o sangue lúbrico ao rosto, que fica vermelho, corado com qualquer novidade. Corre para a igreja. Eu vou para outros lados, buscar uma escada, pela qual o teu amor deverá subir até o ninho, assim que escurecer. Eu sou o burro de carga, e me esfalfo em prol do teu prazer. Mas logo à noite és tu que vais ter um peso em cima de ti. Vai de uma vez. Eu vou jantar. Apressa-te, vai até a cela.

Julieta – Apresso-me, corro para a minha felicidade! – Querida ama, adeus.

(*Saem.*)

Cena VI – *A cela de Frei Lourenço.*

Entram Frei Lourenço e Romeu.

Frei Lourenço – Que se agradem os céus deste ato sagrado. Que o amanhã não nos venha censurar com o arrependimento.

Romeu – Amém, amém! Mas nem todo o arrependimento do mundo pode apagar a alegria que me dá um único minuto na presença dela. Basta unires nossas mãos com santas palavras, que depois a morte, essa devoradora do amor, pode fazer o que bem entender. A mim me basta poder chamá-la de minha.

Frei Lourenço – Esses prazeres violentos têm fins violentos e morrem em seu triunfo, como o fogo e a pólvora, que, ao se beijarem, se consomem. O mais doce mel repugna por sua própria doçura, e seu sabor confunde o paladar. Portanto, ama com moderação; o amor duradouro é moderado. Quem corre demais chega tão atrasado como aquele que anda muito devagar. – Eis que vem chegando a dama. – Ah, passos assim leves jamais gastarão a pedra dura e perene. Os amantes podem andar nos fios de uma teia de aranha que balança com a brisa lânguida do verão e, mesmo assim, não caem. Os prazeres deste mundo têm essa mesma leveza.

Entra Julieta.

Julieta – Boa tarde para o confessor de minha alma.

Frei Lourenço – Romeu te agradecerá, minha filha, por nós dois.

Julieta – Tanto quanto a ele mesmo; do contrário, ele agradece demais.

Romeu – Ah, Julieta, se a medida da tua alegria estiver transbordando como a minha, e se tens a habilidade necessária para proclamá-la, então adoça com teu hálito o ar que nos cerca e deixa que a língua riquíssima da música revele a felicidade imaginada que recebemos um do outro com este encontro de ternura.

Julieta – O pensamento, mais rico em conteúdo que em palavras, orgulha-se de sua substância, não de seus adornos. As palavras são meras mendigas que podem tão somente contar o seu valor. Meu amor verdadeiro, porém, cresceu a tal ponto que não tenho como somar mais que metade do total de sua riqueza.

Frei Lourenço – Venham, venham comigo, e nós vamos tornar a cerimônia mais curta. Com sua licença, não vou deixar os dois sozinhos até que a Santa Madre Igreja os tenha unido em matrimônio.

(*Saem.*)

Terceiro ato

Cena I – *Uma praça pública.*

Entram Mercúcio, Benvólio, Pajem e Criados.

Benvólio – Imploro-te, Mercúcio, vamos nos retirar. O dia está quente demais, os Capuleto estão por aí, e, se os encontramos, não vamos escapar de uma briga. Por ora, este calor faz ferver um sangue insano em nossas veias.

Mercúcio – És como um desses sujeitos que, uma vez tendo adentrado o recinto de uma taverna, coloca rápido e com estardalhaço sua espada sobre a mesa, para dizer: *Deus que me livre de precisar de ti!*, e, ao virar a segunda caneca, quer tirar a vida de quem tira o chope quando, na verdade, não há a menor necessidade para tal gesto.

Benvólio – Pareço-me com um sujeito desses?

Mercúcio – Ora, vamos, és tão esquentado quanto qualquer italiano: logo fica de mau humor quando sente-se provocado, e assim que está de mau humor quer mais é provocar.

Benvólio – Com que propósito?

Mercúcio – Ora! Houvesse dois como tu, e logo, logo não teríamos nenhum, pois um teria matado o outro. Um sujeito como tu! Puxas briga com o homem que tiver um fio de barba a mais ou um fio de barba a menos que tu. Puxas briga com um homem que está abrindo avelãs só porque teus olhos são cor de avelã. Que outro olho que não o teu conseguiria ver nisso motivo para briga? Tua cabeça é tão cheia de provocações como um ovo é pleno de alimento. Por puxares briga a torto e a direito, já tiveste estragada tua cabeça, que ficou confusa, assim como se estraga um ovo quando fica podre. Já puxaste briga com um homem por tossir na rua, porque ele acordou teu cachorro, que estava dormindo no calorzinho do sol. E não foste tu quem destratou um alfaiate por estar usando gibão novo antes da Páscoa? E não te desentendeste com outro sujeito por amarrar seus sapatos novos com cadarço velho? E ainda assim queres me puxar as orelhas por puxar briga!

Benvólio – Fosse eu tão hábil em puxar briga quanto tu, qualquer homem deveria comprar o direito à minha herança, pois minha simples vida não duraria mais que hora e quarto.

Mercúcio – Simples? Ah, que simples ele é!

Benvólio – Ai, minha cabeça! Aí vêm os Capuleto.

Mercúcio – Ai, meu pé! Para mim tanto faz.

Entram Teobaldo e outros.

Teobaldo – Sigam-me de perto, vou falar com eles. – Cavalheiros, bom dia. Uma palavrinha com qualquer um de vós.

Mercúcio – Só uma palavrinha com um de nós? Quem sabe podemos combiná-la com outra coisa, digamos, uma palavrinha e uma pancada?

Teobaldo – O senhor vai me encontrar pronto para isso, assim que me der a oportunidade.

Mercúcio – Não pode o senhor pegar a oportunidade sem que alguém tenha que dar?

Teobaldo – Mercúcio, tu conchavas em duo com Romeu...

Mercúcio – Em duo? Mas como, pensa que somos menestréis? E, se nos toma por menestréis, prepare-se para ouvir as notas mais dissonantes. Olhe aqui o arco de minha rabeca; ele te fará dançar. Pel'amor de Deus! Um duo!

Benvólio – Estamos falando aqui num lugar público, cheio de gente. Ou vocês retiram-se para algum local privado e discutem racionalmente suas desavenças ou vão embora. Todos os olhares estão postos sobre nós.

Mercúcio – O olho humano foi feito para olhar. Deixa que olhem. Não saio do meu lugar só para agradar aos outros. Eu não.

Teobaldo – Mas pode ficar em paz, senhor. – Aqui vem vindo o homem que me serve.

Entra Romeu.

Mercúcio – Eu me enforco, senhor, se ele usa a sua libré. Deveras, se fores para o campo e ele o seguir, Vossa Excelência poderá, nesse sentido, chamá-lo de "o homem que me serve".

Teobaldo – Romeu, o ódio que tenho por ti não me permite usar termo mais suave: és um verme.

Romeu – Teobaldo, o motivo que tenho para te amar desculpa a raiva que vem junto com essa saudação. Verme não sou. Portanto, adeus. Vejo que não me conheces.

Teobaldo – Rapaz, isso não desculpa os insultos que jogaste contra mim. Portanto, vira-te e empunha tua arma.

Romeu – Nego tua afirmação: jamais te insultei. Pelo contrário; amo-te mais do que possas imaginar. Até que possas conhecer o motivo de meu amor – e então, meu bom Capuleto (nome que muito prezo, tanto quanto o meu próprio) –, até lá, dê-se por satisfeito.

Mercúcio – Ó calma, desonrada, vil submissão! *A la stoccata* encarrega-se de levá-la embora.

(*Pega da espada.*)

Teobaldo, seu caçador de ratos, o senhor não se mexes?

Teobaldo – O que quer o senhor comigo?

Mercúcio – Meu bom Rei dos Gatos, quero apenas uma das suas sete vidas; dela pretendo dispor ao meu bel-prazer, e, conforme o senhor me tratar daqui para a frente, bato nas outras seis até deixá-las duras e secas. Não vai puxar de sua espada pelo cabo? Apresse-se, para que eu não dê cabo de suas orelhas antes que o senhor tenha sua espada desembainhada.

Teobaldo – Estou às ordens.

(*Puxando da espada.*)

Romeu – Gentil Mercúcio, guarda teu espadim.

Mercúcio – Ataque, senhor, mostre o seu lunge.

(*Eles entram em combate.*)

Romeu – Saca de tua espada, Benvólio; desarma esses dois. – Cavalheiros, que vergonha, desistam desse ato ultrajante! Teobaldo, Mercúcio, o Príncipe proibiu expressamente altercações nas ruas de Verona. Basta, Teobaldo! Meu bom Mercúcio...

(*Saem Teobaldo e seus Companheiros.*)

Mercúcio – Estou ferido. Rogo uma praga sobre as duas famílias! Estou morto. E ele se foi, sem um único arranhão?

Benvólio – O quê? Estás ferido?

Mercúcio – Ora, um arranhão apenas. Mas, enfim, é o que basta. – Onde está meu pajem? – Vai, seu verme, busca-me um médico.

(*Sai o Pajem.*)

Romeu – Coragem, homem; o ferimento não deve ser grave.

Mercúcio – Não, nem tão profundo como um poço, nem tão aberto como a porta de uma igreja; mas é o que basta. O estrago está feito. Perguntem por mim amanhã, e me encontrarão mudo como um túmulo. Garanto-lhes que estou derrotado para esta vida.

– Rogo uma praga sobre as duas famílias! – Arre! Um cão, um rato, um camundongo, um gato... Isso é coisa que se faça? Matar um homem com um simples arranhão? Um fanfarrão, um velhaco, um verme, que luta de acordo com regras de aritmética! – Por que diabos vieste te meter entre nós? Ele me feriu sob o teu braço.

Romeu – Fiz com a melhor das intenções.

Mercúcio – Ajuda-me, Benvólio, para que me acolham em alguma casa; estou quase desmaiando. – Rogo uma praga sobre as duas famílias! Fizeram de mim comida para os vermes. Estou ferido, e a ferida é fatal. – Sobre as duas famílias!

(*Saem Mercúcio e Benvólio.*)

Romeu – Esse cavalheiro, parente próximo do Príncipe, muito meu amigo, foi ferido mortalmente em minha defesa; minha reputação, manchada pelas palavras difamatórias de Teobaldo – Teobaldo, que uma hora atrás já era meu parente. – Ah, doce Julieta, tua beleza fez de mim um efeminado e, apesar da dureza de minha têmpera, amoleceu o aço de meus valores.

Reentra Benvólio.

Benvólio – Ah, Romeu, Romeu, está morto o bravo Mercúcio! Aquela alma galante aspirou às nuvens, que, muito fora de hora, aqui zombaram da terra.

Romeu – O negro desfecho deste dia depende de outros dias. O dia de hoje apenas inaugura a desgraça que outros dias devem dar por finda.

Benvólio – Vem chegando de volta o furioso Teobaldo.

Romeu – Vivo, triunfante! E Mercúcio, assassinado! Vai-te embora, cautelosa clemência, sobe aos céus, e que, a partir de agora, seja meu guia a fúria cega!
Reentra Teobaldo.

Agora, Teobaldo, engole o *verme* que há pouco me atiraste ao rosto, pois a alma de Mercúcio paira baixinho sobre nossas cabeças, só esperando que a tua lhe vá fazer companhia. Ou tu, ou eu, ou nós dois devemos ir com ele.

Teobaldo – Tu, menininho infame, que aqui conchavaste com ele em duo, vais ter com ele lá em cima.

Romeu – Isto é o que vai decidir essa questão.

(*Entram em combate; Teobaldo cai.*)

Benvólio – Romeu, vai-te embora, chega! Os cidadãos estão revoltados, e Teobaldo, assassinado. – Não fiques aí parado, atônito. O Príncipe vai te condenar à morte se fores apanhado. Portanto, vai-te embora, foge!

Romeu – Sou o bobo da corte nesta vida, joguete do destino.

Benvólio – Estás esperando o quê?

(*Sai Romeu.*)

Entram os Cidadãos.

1º Cidadão – Para que lado foi aquele que matou Mercúcio? Teobaldo, aquele assassino, para que lado ele foi?

Benvólio – Ali está aquele Teobaldo.

1º Cidadão – Ponha-se de pé, senhor, e queira me acompanhar. Eu o acuso de assassinato em nome do Príncipe. Obedeça.

Entram o Príncipe, com seu séquito; Montéquio, Capuleto, suas Esposas e outros.

Príncipe – Onde estão os sujeitos vis que começaram essa briga?

Benvólio – Ah, nobre Príncipe, posso revelar-vos o malogrado desenrolar dessa briga fatal. Ali está o homem, assassinado pelo jovem Romeu, que assassinou vosso parente, o bravo Mercúcio.

Lady Capuleto – Teobaldo, meu primo! Filho de meu irmão! – Oh, Príncipe! – Oh, meu marido! – Ai, que o sangue de meu parente foi derramado! – Príncipe, como és homem de palavra, por sangue nosso deve ser derramado sangue dos Montéquio. – Ah, primo, primo!

Príncipe – Benvólio, quem começou essa briga sangrenta?

Benvólio – Teobaldo, aqui morto, a quem a mão de Romeu assassinou. Romeu, que falou a ele com justeza, pedindo-lhe que refletisse, pois que a briga era sem motivo, e ainda falou-lhe de vosso extremo descontentamento. Tudo isso pronunciou ele com voz gentil, olhar calmo, pernas humildemente flexionadas, e, mesmo assim, não conseguiu chegar a uma trégua com o mau humor desenfreado de Teobaldo, que, surdo à paz, avança contra o corajoso peito de

Mercúcio com aço pontiagudo. Mercúcio, também esquentado, aponta sua mortal ponta e, com desprezo marcial e uma única mão, afasta a fria morte, ao mesmo tempo que, com a outra mão, manda-a de volta para Teobaldo, cuja destreza fá-la retornar. Enquanto isso, Romeu gritava: *Parem, amigos! Amigos, separem-se!*, e, mais rápido que sua língua, seu braço ágil desarma-os de suas pontas fatais e joga-se entre os dois. Por baixo de seu braço, um golpe traiçoeiro de Teobaldo atinge a vida do destemido Mercúcio, e Teobaldo então foge. Mas dali a pouco volta a ter com Romeu, que recém contemplava a ideia de uma vingança. Um contra o outro, arremetem-se os dois, com a velocidade de um relâmpago, pois, antes que eu pudesse desembainhar minha espada para separá-los, o destemido Teobaldo estava morto. No que ele cai ao chão, Romeu dá-lhe as costas e foge. Se esta não é a verdade, que Benvólio morra.

Lady Capuleto – Ele é parente dos Montéquio. A afeição impede-o de contar a verdade, e suas palavras são falsas. Uns vinte deles entraram em combate nessa luta tenebrosa, e todos os vinte ali estavam para tirar uma só vida. Eu imploro por justiça, que vós, Príncipe, deveis ministrar. Romeu assassinou Teobaldo, Romeu não pode continuar vivendo.

Príncipe – Romeu assassinou-o, e ele assassinou Mercúcio. Quem deve pagar o preço do sangue de Mercúcio derramado?

Montéquio – Não Romeu, meu Príncipe, que ele era amigo de Mercúcio. O erro de Romeu veio dar termo àquilo que a lei teria decidido por terminar: a vida de Teobaldo.

Príncipe – E por esse delito nós o condenamos ao exílio desde agora. Tenho um interesse, agora também pessoal, nos procedimentos de vosso ódio. Por vossas violentas altercações, sangue meu também está sendo derramado. Mas saberei punir-vos com pena tão dura que haverão de vos arrepender amargamente deste sangue meu derramado. Estarei surdo a súplicas e desculpas; nem lágrimas nem preces vão escusar abusos; portanto, não lancem mão desses recursos. Deixem que Romeu evada-se daqui com toda pressa; caso contrário, a hora em que ele for encontrado será sua última. Levem daqui esse corpo, e respeitem a minha vontade. Perdoar aos que matam é clemência que cria assassinos.

(*Saem.*)

Cena II – *Um aposento na casa de Capuleto.*

Entra Julieta.

Julieta – Galopem em passo acelerado, corcéis de patas de fogo, em direção ao alojamento de Febo. Um condutor como Faeton os teria açoitado na direção do poente, trazendo de imediato uma noite nublada. Fecha tua cortina espessa, ó noite em que se cumprirá o amor! Olhos diurnos e rudes podem piscar, e Romeu poderá pular nestes meus braços, sem que o vejam e sem que fiquem dele falando. Amantes, para executar seus ritos amorosos, não enxergam mais que suas próprias belezas. E, se o amor é cego, tanto melhor: combina com a noite. – Vem, noite cortês, matrona de roupagem sóbria, toda de negro, e ensina-me a perder nesse jogo de vencedores que se joga por um par de solteirices imaculadas. Cobre, com teu manto escuro, meu sangue, que até hoje privou-se de homens e que chega tímido à minha face; cobre-o até que esse estranho amor, agora ousado, pense que o verdadeiro amor consumado é simples modéstia. Vem, noite; – vem, Romeu –, vem, tu que és dia à noite. Pois irás deitar-te sobre as asas da noite, mais branco que neve recém-caída no dorso de um corvo. – Vem, meiga noite, vem, noite amorosa de sombria fronte, dá-me o meu Romeu; e, quando ele morrer, toma-o em tuas mãos, recorta-o em pequenas estrelas, e ele dará ao céu fisionomia tão bela que todo o mundo se apaixonará pela noite e deixará de idolatrar o sol, este espalhafatoso. – Comprei uma mansão de amor, mas não a possuí; e, embora eu esteja vendida, de mim ainda não usufruíram. Tão entediante é o dia de hoje que mais parece a noite da véspera de algum festival na visão de uma criança impaciente que tem roupa nova e não pode usá-la. – Ah, vem chegando minha ama, e ela me traz notícias; e fala com eloquência celestial cada língua em que se pronuncia o nome de Romeu.

(*Entra a* Ama *com uma escada de cordas.*)

Então, ama, quais são as novas? O que trazes aí? A escada de cordas que Romeu pediu que buscasses?

Ama – Sim, sim, a escada de cordas.

(*Atira-a ao chão.*)

Julieta – Ai, minha nossa. Que novas trazes? Por que torces as mãos?

Ama – Ai, que dia! Ele está morto, está morto, morto! Estamos perdidas, senhorita, estamos perdidas! – Que dia, meu Deus! – Ele se foi, assassinado, morto!

Julieta – Pode o céu ser tão invejoso assim?

Ama – O céu não, mas Romeu pode. – Ah, Romeu, Romeu! – Quem poderia ter imaginado? – Romeu!

Julieta – Como podes ser tão diabólica, atormentando-me dessa maneira? Essa tortura deveria ser berrada no mais funesto recôndito do inferno. Romeu matou-se? Basta dizer "sim", e essa sílaba nua conseguirá envenenar mais que o olhar dardejante de morte de um basilisco. Se tal "sim" existe, não existo eu, assim como não existo eu se se fecharam aqueles olhos que fazem de tua resposta um "sim". Se ele está morto, dize "sim"; se não, dize "não". Sons breves determinarão minha alegria ou meu desespero.

Ama – Eu vi o ferimento, vi com meus próprios olhos – Deus que nos acuda! –, aqui, em seu peito viril. Um defunto digno de pena, um defunto ensanguentado e digno de pena, e branco, branco como mármore, todo manchado de sangue, e o sangue já coagulado. Desmaiei ante aquela visão.

Julieta – Ai, rebenta, meu coração! – meu pobre coração falido, rebenta de uma vez! Olhos meus, encarcerem-se e nunca mais olhem para a liberdade! Argila vil de meu corpo, entrega-te à argila do solo, cessa aqui o teu movimento, para que tu e Romeu estreitem-se num mesmo e pesado esquife.

Ama – Oh, Teobaldo, Teobaldo! O melhor amigo que tive! Ah, gentil Teobaldo! Honesto cavalheiro! Quisera eu não ter vivido o suficiente para te ver morto!

Julieta – Que tempestade é esta agora, que sopra ventos tão contrários? Romeu foi assassinado, e Teobaldo está morto? Meu muito amado primo e o dono do meu coração? Então, terrível trombeta, anuncie o Juízo Final! Pois quem está vivo, se esses dois estão mortos?

Ama – Teobaldo está morto, e Romeu, banido. Está banido Romeu, que matou Teobaldo.

Julieta – Ah, Deus meu! – Foi pelas mãos de Romeu que se derramou o sangue de Teobaldo?

Ama – Foi, exatamente; que desgraça, foi Romeu!

Julieta – Ah, coração venenoso, escondido por um rosto cheio de floridos! Já houve dragão que enfeitasse tanto sua caverna? Meu lindo tirano! Demônio angelical! Corvo com plumas de pombo! Carneiro de rapina, feito lobo! Substância desprezível, de aparência a mais divina! Exato oposto daquilo que exatamente parecias, um santo maldito, vilão honrado! – Ah, natureza, o que tinhas tu que fazer no inferno, quando então envolveste de carne assim perfumada o espírito de um demônio no paraíso dos mortais? Será que já houve livro de conteúdo tão vil e capa tão linda? Ah, e pensar que a mentira morava em palácio tão suntuoso!

AMA – Nos homens não há confiança, nem fé, nem honestidade; são todos cheios de falsidade, cometem perjúrio, artistas da dissimulação, uns desqualificados. – Ah, onde está meu criado? Preciso de *aqua vitae*. – Essas dores, esses pesares, essas tristezas me deixam velha. Que a vergonha caia sobre Romeu!

JULIETA – Que se cubra de pústulas a tua língua por rogares uma praga dessas! Ele não nasceu para a vergonha. Sobre a fronte de Romeu a vergonha tem vergonha de se instalar, pois aquele semblante é um trono onde a honra pode ser coroada como único monarca da terra universal. Ah, que animal fui em pensar mal dele!

AMA – Vais falar bem daquele que matou teu primo?

JULIETA – E posso falar mal daquele que é meu esposo? Ah, meu pobre amo, que língua vai acariciar teu nome quando eu mesma, tua esposa há apenas três horas, destrocei-o? Mas por que, seu verme, mataste meu primo? Aquele verme do meu primo teria matado meu marido. Recuem, lágrimas bobas, recuem para suas nascentes; suas gotas tributárias pertencem ao infortúnio, que vocês, por engano, oferecem à alegria. Meu marido está vivo, e Teobaldo o teria matado. E Teobaldo está morto, e ele teria assassinado meu marido. Isso tudo é reconfortante. Por que, então, estou chorando? Alguma palavra houve, pior que a morte de Teobaldo, que liquidou comigo. Eu ficaria feliz em esquecê-la, mas, ai, ela aflige minha memória assim como os débitos de malditas culpas afligem a mente dos pecadores. *Teobaldo está morto, e Romeu, banido.* Esse *banido*, essa uma palavra, *banido*, assassinou dez mil Teobaldos. A morte de Teobaldo era desgraça suficiente, se tivesse terminado por aí. Mas, se a desgraça amarga apraz-se em ter companhia e carece de se ver emparelhada com dores outras, por que, quando ela disse Teobaldo está morto, isso não se seguiu de Teu pai está morto ou Tua mãe está morta ou Estão ambos teus pais mortos? Isso teria motivado em mim as lamentações de costume. Mas, na retaguarda da morte de Teobaldo, o que vinha era *Romeu está banido*, e pronunciar essa palavra é pai, mãe, Teobaldo, Romeu, Julieta – todos assassinados, todos mortos. *Romeu foi banido*. Nisso não há fim, não há limites, nem medida, nem fronteira. Nessa palavra espreita-me a morte. Não há palavras que possam traduzir essa dor. Onde estão meu pai e minha mãe, ama?

AMA – Junto ao corpo de Teobaldo, chorando e lastimando-lhe a morte. Vais ter com eles? Posso levar-te até lá.

JULIETA – Que eles banhem as feridas de Teobaldo com lágrimas. As minhas lágrimas, saberei poupá-las para quando o pranto deles tiver secado, e chorarei então pelo banimento de Romeu. Leva daqui essa escada. Pobres cordas, vocês foram logradas. Vocês e eu, pois Romeu encontra-se no exílio. Ele as fabricou como estrada para minha cama. Mas eu, donzela, morro viúva virgem. Venham, cordas; vem, ama; recolho-me ao meu leito nupcial. E que a morte, não Romeu, venha me deflorar.

Ama – Vai para teus aposentos, e encontrarei Romeu para que ele venha te confortar. Sei muito bem onde ele está. Escuta bem: teu Romeu estará aqui logo mais à noite. Vou procurá-lo. Ele está se escondendo na cela de Lourenço.

Julieta – Ah, encontra-o! Entrega este anel ao meu cavaleiro noturno, e pede a ele que venha receber seu último adeus.

(*Saem.*)

Cena III – *A cela de* Frei Lourenço.

Entra Frei Lourenço.

Frei Lourenço – Romeu, avante; entra, meu rapaz; sei que estás apreensivo. A aflição enamorou-se de tuas partes, e tu te casaste com a calamidade.

Entra Romeu.

Romeu – Padre, quais são as novas? Qual é o veredito do Príncipe? Qual tristeza deseja agora levar-me pela mão e que eu ainda não conheço?

Frei Lourenço – Íntimo demais mostra-se o meu querido filho de tão amarga companhia. Trago-te notícias do veredito do Príncipe.

Romeu – A sentença desse juiz terá sido mais leniente que o Juízo Final?

Frei Lourenço – Um juízo mais brando saiu-lhe dos lábios: não é a morte do corpo, mas sim o exílio do corpo.

Romeu – Exílio! Por misericórdia, diga morte, pois o banimento carrega muito mais terror em seu olhar do que a morte. Não diga exílio.

Frei Lourenço – Desde agora estás banido de Verona. Sê paciente, pois o mundo é vasto, é amplo.

Romeu – Não há mundo fora dos muros de Verona, mas sim o purgatório, a tortura, o próprio inferno. Ser daqui banido é o mesmo que ser banido do mundo, e exílio do mundo é a morte. Estar exilado é mero eufemismo para estar morto. Quando o senhor chama a morte de exílio, está decapitando-me com machado de ouro, e o senhor carrega um sorriso no rosto quando o seu golpe me assassina.

Frei Lourenço – Ah, pecado mortal! Ah, que ingratidão mais grosseira! Teu delito clama pela pena de morte de acordo com nossas leis; mas o nosso Príncipe, complacente, tomando o teu partido, deixou de lado a lei e trocou a mais negra das palavras, morte, por outra, exílio. Isso é misericórdia, e não queres reconhecer.

Romeu – Isso é tortura, não misericórdia. O paraíso é aqui, onde mora Julieta, onde moram cada gato e cachorro e camundonguinho, cada coisinha inútil. Moram aqui no paraíso e podem mirá-la. Mas Romeu não, ele não pode. – Há mais valor, mais dignidade e mais delicadeza nas varejeiras que rondam um cadáver em decomposição do que em Romeu; elas podem pousar na alva maravilha que são as mãos de minha amada Julieta, e podem roubar a bênção imortal de seus lábios, que, mesmo em pura e vestal modéstia, ainda ficam vermelhos de pudor, como se pensassem que há pecado em seus próprios beijos. Mas Romeu não, ele não pode. – Ele está banido. As moscas podem voar aqui, enquanto eu devo voar daqui. E o senhor ainda diz que o exílio não é morte! Não tem aí um preparado venenoso, uma faca bem afiada, um meio rápido de morte, menos perverso que esse "banido", para acabar comigo? Exílio? Ah, Frei, os condenados empregam essa palavra no inferno, acompanhada de urros. Como é que, sendo o senhor uma pessoa santa, um confessor espiritual, um absolvedor de pecados e meu amigo confesso, tem a coragem de destroçar-me com a palavra "exílio"?

Frei Lourenço – Seu louco apaixonado, para e escuta-me um pouco...

Romeu – Ah, vai falar de novo em exílio.

Frei Lourenço – Vou dar-te o escudo com que defender-te dessa palavra. Na filosofia, doce leite da adversidade, é onde vais encontrar conforto, muito embora estejas banido.

Romeu – Pois, se estou banido, podes enforcar a filosofia! A menos que a filosofia possa fazer uma Julieta, transplantar uma cidade, revogar o veredito de um Príncipe, ela não me ajuda em nada, ela não me convence. Portanto, não diga mais nada.

Frei Lourenço – Ah, então vejo que os loucos não têm ouvidos.

Romeu – Como podem tê-los, se os sábios não têm olhos?

Frei Lourenço – Deixa-me questionar o teu estado de espírito.

Romeu – O senhor não pode falar daquilo que não sente. Fosse jovem como eu, fosse Julieta o seu amor, estivesse o senhor recém-casado e Teobaldo morto, o senhor louco de paixão como eu e como eu banido, então sim, poderia falar, então sim, poderia arrancar os cabelos e deixar-se cair no chão, como faço eu agora, para ter as medidas de uma sepultura que só falta ser cavada.

Frei Lourenço – Levanta-te; estão batendo à porta. Meu bom Romeu, esconde-te.

(*Ouve-se bater à porta.*)

Romeu – Não me escondo. A menos que o ar dos meus gemidos de saudade, como uma névoa, encubra-me de olhos perscrutadores.

(*Batem à porta.*)

Frei Lourenço – Escuta só como batem! – Quem está aí? – Romeu, levanta-te. Serás preso. – Um momentinho! – Põe-te de pé.

(*Batem à porta.*)

Corre até ao meu gabinete. – Já estou indo! – Que seja a vontade de Deus! Romeu, quanta irresponsabilidade! – Já vou atender, já vai.

(*Batem à porta.*)

Quem bate assim com tanta força? De onde vem? O que deseja?

Ama – (*Do lado de fora da porta.*) Deixe-me entrar, e o senhor saberá a razão desta minha visita. Venho da parte de Lady Julieta.

Frei Lourenço – Pois então seja bem-vinda.

Entra a Ama.

Ama – Ah, meu santo Frei, ah, diga-me, santo Frei, onde está o amo de minha patroa, onde está Romeu?

Frei Lourenço – Ali no chão, bêbado de suas próprias lágrimas.

Ama – Ah, ele está igualzinho à minha patroa. O caso dele é o mesmo caso dela.

Frei Lourenço – Ah, triste solidariedade! Que situação lastimável!

Ama – Ela também fica assim deitada, debulhando-se em lágrimas, em lágrimas se debulhando. Levante-se. Levante e seja homem. Por Julieta, por ela, erga-se do chão, ponha-se de pé. Por que, em vez de teso e ereto, vai querer ficar murcho?

Romeu – Ama!

Ama – Ora, senhor! Ora, faça-me o favor! – Bem, a morte é o que não tem solução.

Romeu – Falas de Julieta? Como está enfrentando ela essa situação? Por acaso pensa ela que sou um assassino consumado, agora que manchei nossa incipiente alegria com sangue tão próximo do seu próprio? Onde ela está? E como ela está? E o que diz minha esposa secreta de nosso segregado amor?

AMA – Ah, ela não diz nada, senhor, apenas chora e chora. Num minuto atira-se na cama; no outro, levanta-se de um pulo, e chama por Teobaldo, e grita por Romeu, para depois jogar-se na cama de novo.

ROMEU – Como se esse nome, disparado de uma arma, a tivesse matado, exatamente como a mão deste nome amaldiçoado matou seu primo. – Ah, diga-me, Frei, diga-me: em que vil parte desta anatomia aloja-se o meu nome? Diga-me, para que eu possa saquear essa odiosa mansão.

(*Desembainhando a espada.*)

FREI LOURENÇO – Contém tua mão desesperada. És homem ou não? Tua forma me diz que sim, mas tuas lágrimas são de mulher, e teus atos selvagens denotam a fúria irracional de um bicho. Sob a aparência de um homem, uma mulher indecente. Sob a aparência de ambos, um bicho doentio. Surpreendes-me. Por minha ordem sagrada, sempre pensei que fosses de temperamento mais equilibrado. Mataste Teobaldo? E agora queres te matar? E vais matar tua esposa também, que mora em teu coração, ao despejares um ódio maldito sobre tua pessoa? Por que insultas teu nascimento, o céu e a terra, visto que nascimento, céu e terra encontram-se, todos os três, dentro de ti a uma só vez? De uma só vez estarias perdendo todos os três. Que vergonha, que vergonha! Deixas constrangidos tua forma, teu amor, tua inteligência, três aspectos que, como quem pratica a usura, tens em abundância. E não empregas nenhum dos três como devem ser verdadeiramente empregados, para adornar tua forma, teu amor, tua inteligência. Tua forma nobre não passa de uma figura de cera, desencaminhada que está do valor de um homem; teu amor, querido e prometido, não passa de perjúrio vazio, que vem matar aquele amor do qual prometeste cuidar com carinho; tua inteligência, esse ornamento da forma e do amor, deformada na conduta destes dois, parece pólvora que fica aos cuidados de um soldado inapto, que nela põe fogo por causa de sua própria ignorância. Com tuas próprias armas, Romeu, estás te desmembrando. Pois então! Ergue-te, homem! Tua Julieta está viva, a tua querida, por quem, até há bem pouco tempo, morrias de amores. Queres ver como és feliz? Teobaldo teria te matado, mas tu acabaste com ele. Queres ver de novo como és feliz? A lei, que te ameaçava com a morte, torna-se tua amiga e comuta tua pena para exílio. Queres ver como és feliz? Um pacote de bênçãos caiu, de leve, sobre tuas costas. A felicidade veste seu melhor traje para te cortejar. Todavia, qual rapariga de maus modos e de mau humor, ficas amuado ante tua sorte e teu amor. Presta atenção, toma cuidado, pois gente assim morre infeliz. Vai, procura o teu amor, como estava acertado, sobe aos aposentos dela, e consola tua amada. Cuida, porém, que não fiques lá até a Guarda assumir seus postos, pois então será tarde demais e não conseguirás passagem para Mântua, que é onde deves viver até que possamos achar o momento de anunciar o casamento de vocês, reconciliar os amigos de cada um, pedir desculpas ao Príncipe e chamar-te de volta com mil vezes mais alegria do que todos os lamentos com que partiste daqui. – Vai na frente, ama. Minhas recomendações à tua patroa, e pede a ela que apresse todos naquela casa para que se recolham cedo a seus leitos, até porque a pesada dor que os acomete os dispõe a tal. Romeu irá em seguida.

Ama – Meu Deus do céu, eu poderia ficar aqui a noite toda, ouvindo bons conselhos. O valor que tem a cultura! – Senhor, direi à minha patroa que o senhor já está indo.

Romeu – Isso, e pede à minha doce amada que se prepare para puxar-me as orelhas.

Ama – Aqui, senhor, um anel que ela me pediu para lhe entregar. Apresse-se, corra, pois está ficando tarde.

(*Sai.*)

Romeu – Como isto me reconforta e me reanima!

Frei Lourenço – Vai-te daqui; boa noite; e nota que tua situação é a seguinte: ou despede-te antes da Guarda assumir seus postos, ou, ao romper o dia, sai de lá disfarçado e viaja para Mântua. Eu procuro teu criado, e ele te anuncia, de tempos a tempos, todas as boas novas que acontecerem por aqui. Dá-me tua mão; faz-se tarde. Adeus; boa noite.

Romeu – Chama-me uma alegria mais ditosa que toda e qualquer alegria possível; não fosse isso, seria penoso despedir-me do senhor. Adeus.

(*Saem.*)

Cena IV – *Um aposento na casa de Capuleto.*

Entram Capuleto, Lady Capuleto e Páris.

Capuleto – As coisas sucederam-se, senhor, tão desgraçadamente, que não tivemos tempo de preparar nossa filha. Veja bem, ela era muito apegada a seu primo Teobaldo; e eu também. Mas, enfim, todos nascemos para um dia morrer. Está muito tarde, ela não vai mais descer agora de noite. Garanto-lhe que, não fosse por sua companhia, eu mesmo já teria me recolhido uma hora atrás.

Páris – Esses tempos de dor não deixam tempo para o amor. – Madame, boa noite; recomendações minhas à sua filha.

Lady Capuleto – Serão dadas, e teremos a resposta dela amanhã de manhã cedinho. Esta noite ela está entregue ao luto.

Capuleto – Senhor Páris, posso dar-lhe uma prova desesperada do amor de minha filha. Penso que ela se deixa orientar por mim em todos os aspectos de sua vida. Aliás, não só penso como não tenho a menor dúvida a esse respeito. – Minha esposa, vai até ao quarto de nossa filha antes de recolher-te. Faze-a conhecedora do amor do meu filho Páris aqui e pede a ela para, presta atenção, na próxima quarta-feira... Mas, ora, que dia é hoje?

Páris – Segunda, meu senhor.

Capuleto – Segunda! Ah! Bem, quarta-feira é cedo demais; então na quinta, que seja. – Dize à nossa filha que na quinta-feira ela se casará com esse nobre conde. – O senhor estará pronto? Agrada-lhe essa pressa? Faremos a coisa sem grandes estardalhaços, apenas um que outro amigo. Pois, escute-me, Teobaldo tendo sido assassinado tão recentemente, as pessoas podem pensar, se festejarmos as bodas em grande estilo, que não éramos muito chegados a ele, sendo que era nosso parente. Portanto, não mais que uma meia dúzia de amigos, e ponto final. Mas o que me diz o senhor de quinta-feira?

Páris – Senhor, eu gostaria que quinta-feira fosse amanhã.

Capuleto – Bem, agora vá andando. O casamento fica marcado para quinta-feira. – E tu, vai até ao quarto de Julieta antes de ires para a cama. Prepara-a, mulher, para essa boda. – Adeus, meu senhor. – Luzes para os meus aposentos, rápido! – Vai indo na minha frente. Já é tão tarde que daqui mais um pouco poderemos dizer que é cedo. Boa noite.

(*Saem.*)

Cena V – *Uma sacada que dá para os aposentos de Julieta, sobre o jardim.*

Entram Romeu e Julieta.

Julieta – Já te vais? Mas se não está nem perto de amanhecer! Foi o rouxinol, não a cotovia, que penetrou o canal receoso de teu ouvido. Toda noite ele canta lá na romãzeira. Acredita-me, amor, foi o rouxinol.

Romeu – Foi a cotovia, arauto da manhã, e não o rouxinol. Olha, amor, as riscas invejosas que tecem um rendado nas nuvens que se vão partindo lá para os lados do nascente. As velas noturnas consumiram-se, e o dia, bem-disposto, põe-se nas pontas dos pés sobre os cimos nevoentos dos morros. Devo partir e viver, ou fico para morrer.

Julieta – Essa luz não é a luz do dia, eu sei que não é, eu sei. É só algum meteoro que se desprendeu do sol, enviado para ser esta noite portador de tocha a teu dispor, e iluminar-te em teu caminho para Mântua. Portanto, fica ainda, não precisas partir.

Romeu – Que me prendam! Que me matem! Se assim o queres, estou de acordo. Digo que aquele acinzentado não é o raiar do dia; antes, é o pálido reflexo da lua. Digo que não é a cotovia que lança notas melodiosas para a abóbada do céu, tão acima de nossas cabeças. Tenho mais ânsia de ficar que vontade de partir. – Vem, morte, e seja bem-vinda! Julieta assim o quer. – Está bem assim, meu coração? Vamos conversar... posto que ainda não é dia!

Julieta – É dia sim, é dia sim. Corre daqui, vai-te embora de uma vez! É a cotovia que canta assim tão desafinada, forçando irritantes dissonâncias e agudos desagradáveis. Alguns dizem que a cotovia separa as frases melódicas com doçura; não posso acreditar, pois que ela vem agora nos separar. Alguns dizem que a cotovia e o odiável sapo permutam seus olhos; como eu gostaria, agora, que eles também tivessem permutado suas vozes! Essa voz alarma-nos, afasta-nos um dos braços do outro, já que vem te caçar aqui, com o grito que dá início à caçada deste dia. Ah, vai-te agora; ilumina-se mais e mais a manhã.

Romeu – Ilumina-se mais e mais... enquanto anoitece em nossos corações!

Entra a Ama.

Ama – Madame!

Julieta – Ama?

Ama – A senhora tua mãe vem vindo para os teus aposentos. Amanheceu. Sê prudente, cuida do que acontece à tua volta.

(*Sai.*)

Julieta – Então, janela, deixe entrar o dia e deixe fugir a vida.

Romeu – Adeus, adeus! Um beijo, e eu desço.

(*Desce.*)

Julieta – Estás indo embora assim? Meu esposo, meu amor, meu amigo! Preciso ter notícias tuas todo dia, a cada hora, pois num único minuto cabem muitos dias. Ah, por essa contagem estarei velhinha antes de reencontrar o meu Romeu.

Romeu – Adeus! Não perderei oportunidade em que possa transmitir a ti, amor, meus sentimentos.

Julieta – Acreditas que nos veremos de novo?

Romeu – Não duvido nem por um momento. E todas essas aflições servirão de tema para doces conversas em nosso futuro.

Julieta – Ah, Deus! Como minha alma é agourenta. Penso ver-te, agora que estás aí embaixo, como alguém morto, no fundo de uma tumba. Ou meus olhos estão me enganando ou estás muito pálido.

Romeu – Acredita-me, amor, enxergo-te igualmente pálida. A tristeza, insensível, nos bebe todo o sangue. Adeus, adeus!

(*Sai, abaixo da sacada.*)

Julieta – Ah, destino, destino! Todos os humanos te chamam de caprichoso. Se és dado a caprichos, o que queres com o meu Romeu, famoso por ser fiel? Sê volúvel, destino, pois assim, espero eu, não ficarás com Romeu por muito tempo e o mandarás de volta para mim.

Lady Capuleto – (*Chamando de dentro.*) Ó filha! Ainda estás acordada?

Julieta – Quem está chamando? É a senhora, minha mãe? Ainda nem se deitou ou já está de pé tão cedo? Que motivo absolutamente fora do usual a traz até aqui?

Entra Lady Capuleto.

Lady Capuleto – Então, Julieta, como estás?

Julieta – Não estou bem, não senhora.

Lady Capuleto – Sempre pranteando a morte de teu primo? O que queres, tirá-lo da sepultura à força de lágrimas? E, mesmo que pudesses, não poderias fazê-lo reviver. Assim sendo, põe um basta nessa choradeira. Um pouco de dor mostra muito afeto; mas muita dor mostra falta de juízo.

Julieta – Peço que a senhora me deixe chorar essa perda tão grande!

Lady Capuleto – Assim ficas pranteando apenas a perda, e não o amigo por quem choras.

Julieta – Pranteando assim a perda, como posso estar deixando de prantear o amigo?

Lady Capuleto – Bem, minha menina, sei que não choras tanto pela morte de teu primo quanto por estar vivo o verme que o assassinou.

Julieta – Que verme, minha mãe?

Lady Capuleto – Aquele mesmo verme, Romeu.

Julieta – Que o verme e Romeu estejam milhas e milhas distantes. Que Deus o perdoe! Eu o perdoo, de todo o meu coração. E, no entanto, nenhum outro homem afligiu-me tanto o coração.

LADY CAPULETO – Isso é porque o assassino traidor ainda vive.

JULIETA – Sim, minha mãe, e longe do alcance destas minhas mãos. Quero eu e ninguém mais poder vingar a morte de meu primo!

LADY CAPULETO – Teremos a vingança devida, não te preocupes. Não chores mais. Mandarei alguém a Mântua – onde está morando esse mesmo renegado banido –, que lhe dará de beber preparado tão raro que ele logo, logo fará companhia a Teobaldo. Espero então que tu fiques satisfeita.

JULIETA – Na verdade, jamais estarei satisfeita com Romeu a menos que o tenha na minha frente. Morto... assim está meu pobre coração, pela perda de um parente. Minha mãe, se a senhora conseguir encontrar um homem que transporte veneno, eu mesma preparo a poção. Para que Romeu, ao receber sua dose, possa em seguida dormir em paz. Ah, como o meu coração detesta escutar esse nome... e não poder ir até ele... para descarregar o amor que eu dedicava ao meu primo Teobaldo sobre o corpo daquele que o matou!

LADY CAPULETO – Encontra tu os meios, e eu encontrarei o homem. Mas agora estou aqui para te trazer notícias mais alegres, menina.

JULIETA – E alegria é bem-vinda em hora tão desvalida. Por favor, minha mãezinha, que notícias são essas?

LADY CAPULETO – Bem, bem, minha criança, tens um pai que olha por ti, um pai que, para tirar-te de teu luto, planeja de repente um dia de júbilo pelo qual tu não esperavas, nem eu tampouco.

JULIETA – Minha mãe, mas que notícia boa! E que dia será esse?

LADY CAPULETO – Vê só, minha filha: nesta próxima quinta-feira, cedo da manhã, o jovem, galante e nobre cavalheiro Conde Páris, na Igreja de São Pedro, vai fazer de ti uma noiva radiante.

JULIETA – Ora, pela Igreja de São Pedro, e por São Pedro, ele não vai fazer de mim uma noiva radiante. Pergunto-me o porquê dessa pressa. Por que deveria eu casar-me antes de esse homem, que deve ser o marido, me ter feito a corte? Peço-lhe encarecidamente, minha mãe, diga ao meu pai e senhor que por ora não me caso. E, quando me casar, juro-lhe que será antes com Romeu, que a senhora sabe que detesto, e não com Páris. – Isso sim, são novidades!

LADY CAPULETO – Teu pai vem vindo; dize-lhe tu mesma isso que me disseste e vê como ele recebe tuas palavras.

Entram Capuleto e a Ama.

CAPULETO – Quando o dia morre e é chegada a hora do ocaso, o ar borrifa a terra com orvalho. Mas, para o ocaso do filho de meu irmão, o que temos é uma chuva torrencial. Mas o que é isso? Uma calha, menina? Ainda estás em lágrimas? Vertendo água sem parar? Num corpo tão pequeno, simulas barco, mar e vento. Pois se ainda agora teus olhos, que para mim são o mar, ficam nesse fluxo e refluxo de lágrimas!

O barco é teu corpo, velejando nessa tua inundação de água salgada, e os ventos se fazem de teus suspiros – devastadores, furiosos com tuas lágrimas, e elas, com eles –, que terminarão por emborcar teu corpo açoitado por essa tempestade se não se fizer uma calmaria repentina. – Então, mulher, puseste Julieta a par de nossa decisão?

Lady Capuleto – Sim, senhor; e ela agradece, mas não aceita. Dá-me vontade de ver essa tonta casada com seu próprio túmulo!

Capuleto – Calma! Vamos juntos, vamos juntos, mulher. Como! Ela não aceita? Ela não nos agradece? Ela não se sente orgulhosa? Ela não se sente abençoada? Despreparada como é, não fica feliz de termos forjado para ela um enlace com cavalheiro tão meritório?

Julieta – Orgulhosa não, meu pai, mas estou agradecida, isso sim. Não tenho como me sentir orgulhosa daquilo que odeio. Mas serei sempre grata por um ódio que significa que sou amada.

Capuleto – Ora, vamos! Mas o que é isso agora? Virou sabida nessa idade? Ficou pedante? Orgulhosa... e lhe agradeço... e não lhe agradeço... e não me sinto orgulhosa...! – Minha senhoritazinha, não me agradeça com agradecimentos, nem queira me fazer orgulhoso de sua falta de orgulho. Ajeita teus delicados ossinhos para a próxima quinta-feira, quando irás à Igreja de São Pedro com Páris. Se não, levo-te até lá de arrasto. Agora sai da minha frente, carcaça anêmica! Fora daqui, sua vagabunda! Palidez ambulante!

Lady Capuleto – Chega! Que vergonha! Enlouqueceu, o senhor?

Julieta – Meu bondoso pai, eu lhe imploro, de joelhos, que o senhor me escute com paciência, ao menos uma palavra!

Capuleto – Enforca-te, vagabunda! Rapariga, és um tipinho desobediente! Digo-te o seguinte: estejas na igreja na quinta-feira, ou então nunca mais olhes na minha cara. Não fala nada, não retruca, não me responde. Sinto uma comichão nos dedos. – Mulher, pensávamos que éramos pouco abençoados por Deus ter nos dado apenas essa filha única. Mas agora vejo que essa uma é uma demais, e que fomos amaldiçoados ao concebê-la. Põe para fora daqui essa rameira.

Ama – Pai do céu, abençoe a nossa menina! – O senhor é quem deveria se envergonhar. Destratá-la dessa maneira!

Capuleto – E por que não, senhora sabe-tudo? Prende tua língua, madame prudência. Contenta-te com teus fuxicos costumeiros e retira-te daqui.

Ama – Não disse nada de indevido.

Capuleto – Ah, meu Deus! – Tenha uma boa tarde.

Ama – Pode-se falar?

Capuleto – Silêncio, sua idiota resmungona. Guarda tua filosofia de vida para distribuí-la na cozinha, pois aqui não temos necessidade dela.

Lady Capuleto – O senhor está por demais exaltado.

Capuleto – Pela hóstia sagrada! Isto me deixa louco da vida: dia e noite, a cada hora, inverno ou verão, no trabalho e no lazer, sozinho ou em boa companhia, sempre, minha preocupação era vê-la bem casada, e agora que providenciei um cavalheiro de nobre estirpe, senhor de um bom pedaço de terra, moço e de fina educação, bem-dotado, como se diz, de esplêndidas qualidades, bonito o suficiente para um homem... E daí me vem uma tola duma choramingas infame, uma criança boba, frente à maior prova de que tem sorte na vida, e me responde: *Não me caso. Não sei amar. Sou muito nova. Peço-lhe que me perdoe.* Pois bem, não te casas, e eu te perdoo: vais pastar aonde bem entenderes, que aqui em minha casa não te acolho mais. Pensa bem, reflete, que não estou brincando, não é do meu feitio. A quinta-feira está próxima. Põe a mão sobre o coração, aconselha-te com ele. Sê minha filha, e entrego-te ao meu amigo; caso contrário, enforca-te, pede esmolas, passa fome, morre nas ruas, pois, pela minha alma, não mais te reconhecerei como minha filha, e nada do que é meu passará para teu usufruto. Pensa bem, reflete, que sou homem de palavra e não volto atrás.

(*Sai.*)

Julieta – Será possível que não existe piedade nas nuvens, uma piedade capaz de enxergar o fundo da minha dor? Ah, minha doce mãe, não me mande embora! Adie esse casamento por um mês, uma semana! Se isso não for possível, prepare meu leito nupcial naquele jazigo penumbroso onde se encontra Teobaldo.

Lady Capuleto – Nem me dirija a palavra, pois não falarei contigo. Faze o que te der vontade, pois acho que és um caso perdido.

(*Sai.*)

Julieta – Ah, meu Deus! – Ó ama! Como se pode prevenir isso? Meu esposo encontra-se na terra, e minha fé, no céu. Como se faz para que essa fé retorne à terra? Meu esposo teria de enviá-la do céu, e para isso teria de deixar a terra. – Consola-me, aconselha-me. – Que pena, meu Deus, que o céu use de estratagemas para atingir súdita tão simplória quanto eu! O que me dizes? Não tens uma palavra sequer de alegria? Dá-me algum consolo, ama.

Ama – Tua fé, ei-la aqui: Romeu está banido, e eu aposto o mundo como ele não se atreve a voltar para reclamar-te como esposa. Se o fizer, será forçosamente às escondidas. Então, já que a situação é essa que se nos apresenta, penso que o melhor a fazer é casares com o conde. Ah, que cavalheiro adorável! Romeu, perto dele, fica sem graça, mero trapo. Uma águia, senhorita, não tem olhar tão claro, tão rápido, tão bonito quanto o de Páris. Que se dane o meu próprio coração se estou errada, mas acredito que serás feliz neste segundo matrimônio, pois é, em todos os aspectos, bem melhor que o primeiro.

Mesmo que não fosse, teu primeiro casamento está liquidado, ou é como se estivesse, pois tu vives aqui e não tens serventia para ele.

JULIETA – Falas de coração?

AMA – De alma e coração, e, se não for verdade, que se danem os dois, alma e coração.

JULIETA – Amém.

AMA – O quê?

JULIETA – Bem, soubeste me consolar maravilhosamente bem. Vai indo; e avisa minha mãe que saí. Como desgostei meu pai, vou até a cela de Frei Lourenço para me confessar e procurar absolvição.

AMA – Claro, eu aviso. Essa atitude é muito sábia de tua parte.

(*Sai.*)

JULIETA – Velha desgraçada! Ah, que demônio mais perigoso! Terá sido mais pecaminoso ela desejar que eu cometa perjúrio ou insultar meu esposo com a mesma língua que o elogiou acima de todos tantas e tantas vezes? – Vai-te, conselheira. Tu e meu coração, daqui em diante, seguem caminhos separados. – Vou procurar o Frei, buscar com ele remédio para minha situação. Se nada funcionar, tenho a capacidade de morrer.

(*Sai.*)

Quarto Ato

Cena I – *A cela de Frei Lourenço.*

Entram Frei Lourenço e Páris.

Frei Lourenço – Na quinta-feira, senhor? É muito em cima da hora.

Páris – Meu pai Capuleto assim o quer, e eu não me queixo; não tenho por que cortar-lhe a pressa.

Frei Lourenço – O senhor está me dizendo que não sabe qual a resposta da senhorita. Essa é uma conduta irregular, e não me agrada.

Páris – Ela chora sem parar a morte de Teobaldo e, sendo assim, tenho lhe falado pouco de amor. Vênus não sorri sob um manto de lágrimas. Agora, senhor, o pai dela pensa ser perigoso que ela dê à sua dor tanta vazão e, em sua sabedoria, apressa nosso casamento, para que lhe cesse a inundação de lágrimas. Quando está sozinha, ela chora ainda mais, o que se pode aliviar com a companhia de um marido. Agora o senhor sabe as razões desta pressa.

Frei Lourenço – (*À parte.*) Quem me dera não ter conhecimento das razões para ela ser freada. – Olhe, senhor, vem vindo aí a senhorita, em direção à minha cela.

Entra Julieta.

Páris – Que feliz coincidência, minha senhorita e minha esposa!

Julieta – Até pode ser que sim, senhor, quando eu for a esposa de alguém.

Páris – Esse pode ser que sim será, amor, na quinta-feira.

Julieta – O que tiver de ser será.

Frei Lourenço – Palavras muito bem postas.

Páris – Aqui vieste para confessar-te com esse padre?

Julieta – Responder a essa pergunta seria confessar-me com o senhor.

Páris – Não ocultes dele que me tens amor.

Julieta – Pois ao senhor posso confessar que tenho amor a ele.

Páris – E também vais confessar, tenho certeza, que me amas.

Julieta – Se assim eu o fizer, minhas palavras serão mais valiosas se faladas em sua ausência, não em sua presença.

Páris – Pobre alma, teu rosto está marcado de tantas lágrimas.

Julieta – As lágrimas pouco estrago fizeram, pois antes delas meu rosto já estava vincado o suficiente.

Páris – Fazes mais mal ao teu rosto com essas palavras do que com todas as lágrimas que verteste.

Julieta – Isso não é maldade, senhor; antes, é uma verdade. E o que falei falei de meu rosto e na minha frente.

Páris – Teu rosto a mim pertence, e dele falaste mal.

Julieta – Não duvido, pois meu rosto certamente não é meu. – Meu santo padre, o senhor está desocupado agora? Ou devo voltar na hora da missa vespertina?

Frei Lourenço – Tenho tempo para ti agora, minha filha, que estás tão pesarosa. – Meu senhor, precisamos ficar sozinhos, Julieta e eu.

Páris – Deus me livre e guarde de perturbar a devoção. – Julieta, quinta-feira, cedo da manhã, vou te acordar. Até lá, adeus, e fica com este casto beijo.

(*Sai.*)

Julieta – Ah, feche a porta! E, depois que a tiver fechado, vem chorar comigo. Não vejo esperança, não vejo solução, estou sem nenhum socorro.

Frei Lourenço – Ah, Julieta! Estou sabendo de tua dor, e isso me confrange tanto que nem posso explicar quanto. Estou sabendo que deves casar-te com esse conde nesta próxima quinta-feira, e nada pode prorrogar esse prazo.

Julieta – Não me diz, Frei, que o senhor está sabendo disso, a menos que possa me dizer como isso pode ser evitado. Se, com a sua sabedoria, o senhor não me pode socorrer, então o que lhe resta é proclamar sábia a minha resolução, e com esta faca vou pô-la em prática logo, logo. Deus uniu meu coração ao de Romeu, e o senhor, Frei, uniu minhas mãos às de Romeu. Antes que esta mão, entrelaçada à de Romeu com a sua bênção, torne-se o selo de outro contrato; e antes que meu coração sincero, em traiçoeira revolta, entregue-se a outro, esta faca se encarregará de retalhar ambos, mão e coração. Portanto, de seus muitos anos de experiência, dê-me algum conselho agora já; ou contemple, entre mim e minhas dores, esta faca, ensanguentada, servindo de árbitro, julgando aquilo que o peso de toda idade e estudo que o senhor tem não conseguiu resolver de modo verdadeiramente honrado. Não demore tanto para dizer alguma coisa. Meu desejo é morrer, se o que o senhor tem a me falar não fala de remediar a situação.

Frei Lourenço – Espera, minha filha. Posso vislumbrar uma espécie de esperança, que clama por uma execução tão desesperada quanto é desesperado o que queremos prevenir. Se, para não te casares com o conde Páris, tens força de vontade suficiente para te matares, então é possível que executes um ato que simula a morte, para afastares de ti essa vergonha que compete com a própria morte para dela escapar. Se te atreves a tanto, posso te conseguir o remédio.

Julieta – Ah, para não me casar com Páris, o senhor pode até propor que eu me jogue das ameias daquela torre; ou que eu ande nos covis de ladrões; pode propor que eu prepare o bote no lugar onde se encontram as serpentes; acorrente-me junto a ursos famintos; ou tranque-me todas as noites num cemitério transbordante de ossos humanos, chocalhantes, cercada por pedaços fedorentos de pernas e caveiras amarelentas e sem mandíbulas; ou pode ainda propor que eu entre em sepultura recém-cavada para esconder-me junto a um defunto, com ele enrolada em sua mortalha. Todas essas são coisas que, só de escutar, me faziam tremer. E eu as farei sem medo, sem hesitar, para poder viver como esposa imaculada de meu doce amor.

Frei Lourenço – Espera, então. Vai para casa, mostra-te contente, consente em casar-te com Páris. Amanhã é quarta-feira. Pois na quarta à noite certifica-te de que dormirás sozinha, sem que tua ama durma contigo em teus aposentos. Toma esta garrafinha e, quando estiveres em tua cama, bebe este líquido destilado, bebe-o todo. Logo em seguida, em todas as tuas veias correrá um humor frio, entorpecedor. O pulso não conseguirá deter seu progresso natural e será por ele suspenso. Nenhum calor, nenhuma respiração atestará que vives. O rosado de teus lábios e de tuas faces desaparecerá, transformando-se em palidez acinzentada. Tuas pálpebras se fecharão, como a morte fecha o dia da vida. Cada parte de teu corpo, privada de seu controle e flexibilidade, deverá parecer com a morte: dura e rígida e fria. E essa semelhança emprestada ao rigor da morte se manterá por quarenta e duas horas em ti, e então despertarás como de um sono agradável. Agora, quando o noivo, Páris, chegar de manhã, para levantar-te de tua cama, lá estarás, morta. Então, como é costume em nosso país, em teu melhor vestido, em caixão aberto, serás carregada até à mesma antiga catacumba onde jazem todos os Capuleto. Nesse meio tempo, e antes de acordares, Romeu, através de minhas cartas, ficará conhecedor de nosso intento e voltará a Verona. E ele e eu observaremos teu despertar, e nessa mesma noite Romeu te levará daqui para Mântua. E isso te libertará dessa vergonha que ora sofres – se nenhum capricho de criança volúvel, se nenhum temor feminino conseguirem abater tua coragem na hora de executar o plano.

Julieta – Ah, dê-me a garrafinha! E não me fale de temores.

Frei Lourenço – É tua. Agora vai, e sê forte e bem-sucedida em tua decisão. Mando o mais rápido possível um frei a Mântua, com minhas cartas para teu esposo.

Julieta – Que o amor me dê força; e a força me dará recursos. Adeus, meu querido padre!

(*Saem.*)

Cena II – *Salão da casa de Capuleto.*

Entram Capuleto, Lady Capuleto, Ama e Criados.

Capuleto – Convida apenas as pessoas que constam desta lista.

(*Sai o primeiro Criado.*)

Rapaz, trata de me contratar vinte ótimos cozinheiros.

2º Criado – O senhor não terá nenhum cozinheiro ruim, pois vou testá-los, vendo se conseguem lamber seus próprios dedos.

Capuleto – E como podes testá-los desse modo?

2º Criado – Ora, senhor, é um péssimo cozinheiro aquele que não consegue lamber os próprios dedos; portanto, aquele que não consegue lamber seus dedos não vem comigo.

Capuleto – Vai de uma vez, fora daqui.

(*Sai o segundo Criado.*)

Vai nos faltar muita coisa desta vez. Mas, o quê? Minha filha foi visitar Frei Lourenço?

Ama – Ela foi, deveras.

Capuleto – Bem, pode ser que ele dê um jeito nela. Uma rapariga teimosa e impertinente, é o que ela é.

Ama – Veja, senhor, aí vem ela voltando da confissão com olhar contente.

Entra Julieta.

Capuleto – Ora, ora, minha cabecinha dura! Por onde andaste passeando?

Julieta – Fui até aonde aprendi a me arrepender do pecado da oposição desobediente ao senhor e às suas ordens. Prescreveu-me o santo Frei Lourenço que eu aqui me prostrasse, e lhe pedisse perdão: Perdão eu lhe peço, meu pai. De hoje em diante seguirei sempre sua orientação.

Capuleto – Manda chamar o conde. Dá-lhe essa notícia. Amanhã de manhã eu dou o nó que os vai amarrar.

Julieta – Encontrei-me com o jovem senhor na cela de Frei Lourenço, e ofereci-lhe todo o amor que fui capaz de lhe entregar, sem ultrapassar os limites da modéstia.

Capuleto – Ora, isso muito me apraz; assim está bem. – Levanta-te. – As coisas assim ficam como deveriam ser. – Preciso falar com o conde. – Vai, rapaz, andando, já disse, e traze-me o conde à minha presença. – Agora, por Deus, esse reverendo santo Frei, nossa cidade inteirinha é muito apegada a ele.

Julieta – Ama, queres vir comigo até o meu quarto e ajudar-me a separar os ornamentos necessários que achares apropriados para com eles eu me enfeitar amanhã?

Lady Capuleto – Não, não antes de quinta-feira. Tem tempo de sobra.

Capuleto – Vai, ama, acompanha Julieta. – Nós vamos à igreja amanhã.

(*Saem Julieta e a Ama.*)

Lady Capuleto – Vão faltar provisões. Já agora é quase noite.

Capuleto – Ora, eu dou um jeito, e tudo acaba dando certo; isto eu te garanto, mulher. Vai ter com Julieta, ajuda-a a enfeitar-se. Esta noite não vou nem dormir. – Deixem-me sozinho. Desta vez faço eu as vezes da dona da casa. – Mas, como?! Olá! Alguém! – Saíram todos. Bem, eu mesmo vou andando, sozinho, procurar o conde Páris e prepará-lo para amanhã. Meu coração sente-se iluminado desde que essa mesma mocinha geniosa amansou-se.

Cena III – *Os aposentos de Julieta.*

Entram Julieta e a Ama.

Julieta – Sim, estas peças são melhores. – Mas, querida ama, rogo-te, deixa-me sozinha esta noite. Tenho precisão de muitas orações, a fim de comover os céus a me sorrirem, dadas as minhas circunstâncias, que, como bem sabes, são contraditórias e cheias de pecado.

Entra Lady Capuleto.

Lady Capuleto – Bastante ocupadas, não é? Precisam de minha ajuda?

Julieta – Não, senhora. Já separamos todos os itens necessários e convenientes para os atos de amanhã. Agora, por favor, minha mãe, deixe-me ficar sozinha, e deixe minha ama ficar consigo esta noite, pois tenho certeza de que a senhora está atolada de afazeres, tratando-se de cerimônia marcada tão em cima da hora.

Lady Capuleto – Boa noite. Vai para a cama, e descansa; precisas de repouso.

(*Saem Lady Capuleto e a Ama.*)

Julieta – Adeus! – Só Deus sabe quando nos encontraremos novamente. Tenho uma sensação gélida de medo que perpassa minhas veias e quase congela o calor de minha vida. Vou chamá-las de volta para me reconfortarem. – Ama! – O que ela poderia fazer, ficando aqui? A cena lúgubre de que preciso deve desenrolar-se desacompanhada. – Vamos lá, garrafinha. – E se esta mistura não funcionar? Devo me casar, então, amanhã de manhã? – Não, não... isto aqui não vai deixar que tal coisa aconteça. – Deita-te aqui comigo.

(*Depondo sua adaga na cama.*)

E se este for um veneno que o Frei muito ardilosamente quer aplicar em mim para me ver morta, para que ele não fique desonrado por celebrar tal casamento, uma vez que me casou antes com Romeu? Temo que assim seja; e, no entanto, penso que não é assim, pois ele sempre foi considerado um santo homem. – Não vou me deter em pensamentos tão maldosos. – E se, quando eu for colocada na tumba, eu me acordar antes da hora em que Romeu chega para me resgatar? Esta sim, é uma terrível perspectiva. Será que não sufocarei na catacumba, um espaço pútrido aonde não chega nenhum ar saudável, morrendo eu asfixiada antes que chegue o meu Romeu? Ou, se eu viver, não é bastante provável que o apavorante conceito de morte e noite, junto com o terror do lugar – como num jazigo, um receptáculo antiquíssimo onde, por estes muitos séculos, os ossos de todos os meus ancestrais enterrados acumularam-se; onde Teobaldo, ensanguentado, defunto fresco dentro da terra, jaz apodrecendo em sua mortalha; onde, como dizem, em algumas horas da noite os espíritos reúnem-se – ai, meu Deus! –, não é provável que eu, despertando antes da hora – e com aqueles odores nauseabundos, e gritos agudíssimos, que lembram mandrágoras sendo arrancadas da terra, tanto que os mortais vivos, em os ouvindo, enlouquecem – ah, se eu me acordo então, não ficarei eu ensandecida, prisioneira de todos esses medonhos temores? E quem sabe não começo a brincar insensatamente com os ossos de meus antepassados? E arranco Teobaldo, mutilado, de sua mortalha? E, em minha insanidade, tomo de um osso de algum parente famoso como se tomasse de uma clava e golpeio meu cérebro desesperado? Ah, olhem só, penso ver o fantasma de meu primo procurando por Romeu, que espetou-lhe o corpo com a ponta de um espadim. – Espera, Teobaldo, espera! – Romeu, estou indo! Isto eu bebo à tua saúde.

(*Atira-se na cama.*)

Cena IV – *Um salão na casa de Capuleto.*

Entram Lady Capuleto e a Ama.

Lady Capuleto – Espera, leva estas chaves e busca mais especiarias, ama.

Ama – Estão pedindo tâmaras e marmelos para as tortas.

Entra Capuleto.

Capuleto – Vamos, mexam-se, mexam-se! O galo já cantou pela segunda vez, e o toque de recolher já soou suas badaladas; são três horas. Não descuida das carnes assadas, minha boa Angélica, e não precisa economizar.

Ama – Vá, seu homem metido a mulher, embora daqui. Recolha-se à sua cama. Não precisa fazer serão. Ou o senhor quer estar doente amanhã?

Capuleto – De forma alguma. Ora! Já fiz muito serão antes, noites em claro por causas menores, e jamais fiquei doente.

Lady Capuleto – Sim, o senhor já foi um caçador de ratos em sua juventude. Mas agora eu tomo a mim a incumbência de poupar-lhe desses serões.

(*Saem Lady Capuleto e a Ama.*)

Capuleto – Isso é ciúme, que eu sei. É ciúme. Agora, meu amigo *(Entram* Criados, *com espetos, lenha e cestos).* O que temos aí?

1º Criado – Coisas para o cozinheiro, senhor; mas não sei o que são.

CAPULETO – Apure-se, apure-se.

(*Sai o 1º Criado.*)

Rapaz, trata de trazer lenha mais seca. Fala com o Pedro, ele vai te mostrar onde ela está.

2º CRIADO – Tenho cabeça, senhor, e ela me serve para encontrar a lenha, sem que eu precise incomodar Pedro com esse assunto.

(*Sai.*)

CAPULETO – Ora, muito bem dito! Pois não é que és um filho duma cadela metido a espertinho? Tua cabeça seca e dura deve servir mesmo para encontrar lenha seca e dura. – Por Deus, já é dia. O conde deve estar chegando com os músicos; foi o que ele prometeu. – Ouço-o aproximando-se.

(*Ouve-se a música.*)

– Ama! – Mulher! – Estou chamando! – Vamos, ama, vem cá!

Reentra a Ama.

Vai e acorda Julieta, e trata de deixá-la bem bonita. Vou conversar com Páris. – Corram, apressem-se! Apressem-se; o noivo já chegou. Apressem-se, estou dizendo.

(*Saem.*)

Cena V – *Os aposentos de Julieta;*

Julieta na cama.

Entra a Ama.

Ama – Senhorita! – Vamos lá, senhorita! – Julieta! – Ainda dormindo pesado, ela. – Ora, minha ovelhinha! – Vamos lá, senhorita! – que vergonha, sua dorminhoca! – Ora, amorzinho, não estou dizendo? – Senhorita! Meu coração! – Mas como? Nem uma palavra? – Pois vai descansando enquanto pode. Dorme por uma semana, pois nesta próxima noite, e isso eu te garanto, o conde Páris deixará o seu próprio sono de lado para assegurar-se de que não tenhas sono algum. – Deus que me perdoe, realmente, amém, como ela está dormindo pesado! Preciso acordá-la. – Senhorita, senhorita, senhorita! – Ora, o conde que venha arrancá-la de sua cama. Vais levar um susto com ele aqui, isto sim. – Não é verdade? Mas o quê? Vestida? – Vestiu-se e deitou-se de novo? Preciso acordá-la. – Senhorita! Senhorita! Senhorita! – Ai de mim! Meu Deus! – Socorro, socorro! Minha patroa está morta! – Ah, maldito o dia em que nasci! – Tragam-me *aqua vitae*, rápido! – Meu senhor, minha senhora!

Entra Lady Capuleto.

Lady Capuleto – Que barulheira é essa?

Ama – Ah, que dia lamentável!

Lady Capuleto – Qual é o problema?

Ama – Olhe, olhe! Ah, que dia mais negro!

Lady Capuleto – Ai, ai, ai. Ai, ai, ai! – Minha filha, minha única vida! Revive, olha para mim, ou morro contigo! – Socorro, socorro! – Chama por socorro.

Entra Capuleto.

Capuleto – Mas que vergonha, tratem de trazer Julieta; o noivo dela já chegou.

Ama – Ela está morta, finada, morta! Meu Deus, que tristeza!

Lady Capuleto – Meu Deus, que tristeza! Ela está morta, ela está morta, ela está morta!

Capuleto – Ai! Deixem-me vê-la. – Ai de mim! Ela está fria. O sangue está parado, e as juntas estão rígidas. A vida apartou-se desses lábios há muito tempo. A morte depositou-se sobre ela como geada temporã sobre a mais doce das flores em todo o campo. Que tempo malfadado! Que velho infeliz!

Ama – Ah, dia mais lamentável!

Lady Capuleto – Ah, tempos desgraçados!

Capuleto – A morte, que a roubou de nós só para me fazer chorar, congela-me a língua e rouba-me as palavras.

Entram Frei Lourenço e Páris, com os Músicos.

Frei Lourenço – Como é, está pronta a noiva para ir à igreja?

Capuleto – Pronta para ir e não voltar jamais. – Ah, filho, na noite da véspera do dia do teu casamento deitou-se a morte com tua noiva. – Ali ela jaz, fina flor, deflorada por aquele esqueleto munido de foice, sendo agora ele o meu genro, ele o meu herdeiro. Minha filha ele desposou. Vou eu morrer, e deixo a ele tudo que é meu. A vida, o viver, tudo é desse esqueleto da morte.

Páris – Esperei tanto para ver a estampa deste dia, e ele me descortina um quadro como esse?

Lady Capuleto – Dia malfadado, infeliz, infame, odioso! Momento mais miserável jamais divisado pelo tempo na perene labuta de sua peregrinação! Mas uma filha, uma pobre filha, uma pobre e amorosa filha! Uma única coisa com que se regozijar, com que se consolar, e a morte, cruel, arranca-a de minha vista.

Ama – Oh, infortúnio! Oh, dor! E este dia, dorido, dolorido, doloroso! Que dia mais lamentável; o dia mais doloroso que já testemunhei em toda a minha vida! Ai, dia! Ai, dia! Ai, dia! Ai, dia mais odioso! Nunca jamais alguém viu dia mais negro que o dia de hoje. Oh, dia odioso! Oh, dia odioso!

Páris – Iludido, divorciado, enganado, escarrado, assassinado! Detestável morte, por ti traído, por ti, mais cruel das entidades, derrubado! Ah, o amor! Ah, a vida! – Não a vida, mas o amor na morte!

Capuleto – Desprezado, afligido, odiado, martirizado, morto matado! Tempo desagradável, por que vens agora matar, assassinar nossa solenidade? – Ah, filha! Ah, filha! – minha alma, mas não minha filha!

– Morta estás, morta! – Meu Deus, minha filha está morta, e, junto com minha filha, enterram-se minhas alegrias.

Frei Lourenço – Calma, meu senhor, vamos, que vergonha! Não se encontra a cura de uma desordem na confusão. O céu e o senhor tinham parte dessa linda donzela; agora o céu a tem por inteiro. Tanto melhor para a donzela. A sua parte dela o senhor não tinha como preservar da morte, mas o céu preserva a parte que lhe cabe na vida eterna. O senhor sempre procurou o aperfeiçoamento de sua filha, pois vê-la bem casada, para o senhor, era o próprio céu. E agora o senhor pranteia sua filha, justo quando ela se mostra perfeita, acima das nuvens, à altura do céu? Ah, nesse seu amor o senhor ama tão mal sua filha que enlouquece vendo que ela está bem. Não está bem casada aquela que tem longo matrimônio, mas, pelo contrário, está melhor casada aquela que morre enquanto ainda é uma jovem esposa. Seque suas lágrimas e cubra de rosmaninho esse belo cadáver e, como é de costume, traga-a até à igreja vestida em suas melhores roupas. Embora nossa tola natureza leve-nos a desesperar, as lágrimas, que nos são naturais nos momentos de dor, fazem rir a razão.

Capuleto – Todas as coisas que encomendamos festivas desviam-se de seus propósitos e vêm servir a sombrias pompas fúnebres. Nossa música será a de sinos melancólicos; nosso banquete de casamento transforma-se em tristes comes e bebes de velório; em vez de hinos solenes de bodas, sombrios hinos fúnebres; nossas flores para as núpcias enfeitarão um corpo enterrado; e todas as coisas vêm a ser o seu oposto.

Frei Lourenço – Senhor, entre – e, madame, acompanhe-o. – Vá, conde Páris; – preparai-vos todos para acompanhar em cortejo esse lindo cadáver até seu túmulo. O céu está caindo sobre vós porque cometestes alguma falta. Não deixais que o céu fique ainda mais irado indo contra sua superior vontade.

(*Saem Capuleto, Lady Capuleto, Páris e Frei Lourenço.*)

1º Músico – Na verdade, podemos enfiar a viola no saco e ir embora.

Ama – Meus bons homens, ah, guardem, escondam seus instrumentos, pois, como bem sabem, esse é um caso doloroso.

(*Sai.*)

1º Músico – Sim, pela minha fé, o caso é doloroso: a caixa de meu instrumento precisa urgente de reparo.

Entra Pedro.

Pedro – Músicos! Ah, músicos! *Coração sossegado, Coração sossegado*. Ah, se querem me ver alegre, toquem *Coração sossegado.*

1º Músico – Por que *Coração sossegado*?

Pedro – Ah, músicos, porque meu coração só tem tocado *Meu coração anda aflito*. Ah, toquem para mim alguma música triste que me alegre o coração, que me console.

1º **Músico** – Música triste não é conosco; e agora não é o momento de tocar.

Pedro – Então não vão tocar?

1º **Músico** – Não.

Pedro – Pois então eu vou lhes tratar com o tom exato que merecem.

1º **Músico** – E que tom é esse?

Pedro – O tom da falta de pagamento, isto eu lhes prometo. Mais o tom do meu menosprezo: chamo vocês de menestréis, saltimbancos que não fazem nada além de arranhar a rabeca.

1º **Músico** – Pois então eu chamo o que você faz de trabalho escravo.

Pedro – Pois então eu toco a adaga deste escravo na sua cabeça, e olhe que não suporto notas desafinadas. Posso ir sem "dó" para cima de você; posso ir de "ré" para cima de você; agora você "mi" nota?

1º **Músico** – Pode vir sem dó, pode vir de ré, e é você quem de nós vai tomar nota.

2º **Músico** – Pelo amor de Deus, guarde sua adaga e mostre o seu bom-senso.

Pedro – Então defendam-se do meu bom-senso! Dou uma surra em vocês com meu férreo bom-senso e guardo minha adaga de ferro. – Reajam como homens e me respondam:

Quando fere o coração cortante dor,
E uma lúgubre tristeza oprime a mente,
Eis que a música, com notas feito prata...

Por que *notas feito prata*? Por que *música com notas feito prata*? – O que me diz, Simão Alaúde?

1º Músico – Deveras, senhor: porque prata tem um som suave aos ouvidos.

Pedro – Besteira! O que diz você, Hugo Rabeca?

2º Músico – Eu digo que é *notas feito prata* porque os músicos tocam em troca de moedas de prata.

Pedro – Besteira também! – O que me diz você, João Cravelha?

3º Músico – Na verdade, eu não sei nem o que responder.

Pedro – Ah, tenha piedade de mim! Você é o cantor! Mas eu respondo por você. É *música com notas feito prata* porque os músicos não ganham moedas de ouro por suas canções:

Eis que a música, com notas feito prata,
Um novo ânimo me traz rapidamente.

(*Sai.*)

1º Músico – Que criado mais venenoso, esse um.

2º Músico – Que morra no seu próprio veneno, o tratante. – Vamos lá, vamos entrar. Esperamos pelos enlutados e ficamos para jantar.

(*Saem.*)

Quinto Ato

Cena I – *Mântua. Uma rua.*

Entra Romeu.

Romeu – Se posso confiar no olhar lisonjeiro do sono, meus sonhos auguram uma novidade prazerosa que não tarda. O senhor de meu coração encontra-se despreocupadamente sentado em seu trono, e, o dia inteiro, uma alegria fora do comum faz-me flutuar em pensamentos felizes. Sonhei que minha esposa chegava e me encontrava morto. – Sonho estranho, que dá permissão para pensar a um homem morto! E com seus beijos soprou ela tanta vida em meus lábios que revivi... e me vi imperador. Ai de mim! Como é doce o amor em si mesmo, senhor de si, quando até mesmo um sonho de amor é tão rico em alegria!

Entra Baltasar.

Notícias de Verona! – Mas como, Baltasar? Não me trazes cartas do Frei? Como vai minha amada? E meu pai, está bem? Como tem passado minha Julieta? Mais uma vez te pergunto, pois nada pode estar mal se ela está bem.

Baltasar – Então ela está bem, e nada pode estar mal. Seu corpo dorme no jazigo dos Capuleto, e sua porção imortal tem morada com os anjos. Vi

Julieta deitada na catacumba da família e imediatamente vim, trocando de cavalo pelo caminho, para isso vos contar. Ah, perdoai-me por trazer-vos essa má notícia, mas vós me deixastes incumbido desta tarefa, meu senhor.

ROMEU – Deveras, é assim? Então eu vos desafio, ó estrelas. – Sabes onde estou hospedado; traze-me tinta e papel, e trata de alugar cavalos. Parto daqui esta noite.

BALTASAR – Eu vos imploro, senhor, tende paciência. Vossa fisionomia está pálida e desatinada, e faz pensar em desgraça.

ROMEU – Engano teu. Deixa-me, e faze o que te mandei fazer. Não tens nenhuma carta do Frei para mim?

BALTASAR – Não, meu bom amo.

ROMEU – Não importa; vai de uma vez. E trata de alugar uns cavalos. Encontro-me contigo logo, logo.

(*Sai Baltasar.*)

Bem, Julieta, deito-me contigo esta noite. Preciso pensar como. – Ah, pensamento daninho, és rápido em atingir o raciocínio de homens desesperados! Lembro-me de um boticário – e ele mora aqui por perto –, um boticário que, não faz muito tempo, me chamou a atenção: maltrapilho, o cenho carregado, um homem de rosto encovado coletando ervas. A mais aguda miséria tornara-o gasto até aos ossos. E, em sua pobre loja, viam-se suspensa uma tartaruga, empalhado um jacaré, e outros couros, de peixes de formas estranhas. Nas prateleiras, uma coleção ínfima de caixas vazias, vasos de cerâmica verde, vidros de laboratório e sementes mofadas, pedaços de barbantes e velhos sachês de pétalas de rosas estavam espalhados para dar a impressão de muita coisa. Observando essa penúria, disse a mim mesmo que, se um homem precisasse de um veneno agora, cuja venda representasse imediata sentença de morte em Mântua, aqui vive um coitado de um infeliz que venderia esse veneno. Ah, esse exato raciocínio apenas antecipou minha necessidade. E essa exata criatura carente é quem vai me vender a droga. Se bem me lembro, essa deve ser a casa. Como hoje é dia santo, a loja do mendigo está fechada. Ei, olá! Seu boticário!

Entra o Boticário.

Boticário – Quem está gritando?

Romeu – Venha cá, homem. – Estou vendo que o senhor é necessitado. Olhe, aqui tem quarenta ducados: arranje-me uma dracma de veneno, algo de ação tão rápida que se alastre num só instante por todas as veias e artérias, que faça cair morto quem o toma, porque está cansado da vida. E que o corpo se alivie da respiração com tanta violência como a pólvora com pressa detonada precipita-se ao sair do ventre do letal canhão.

Boticário – Disponho de drogas assim mortais, mas a lei de Mântua dita que morrerá aquele que as distribuir.

Romeu – O senhor é tão sem nada e cheio de desgraças e ainda assim tem medo da morte? A fome está estampada em seu rosto, necessidade e sofrimento dançam no seu olhar, desonra e mendicância pesam-lhe nas costas, o mundo não lhe é amigável, nem o são as leis do mundo. O mundo não lhe fornece nenhuma lei que o fará rico. Então, não permaneça pobre, desobedeça à lei, e aceite isto.

Boticário – Minha pobreza aceita, mas não minha vontade.

Romeu – Estou pagando por sua pobreza, não por sua vontade.

Boticário – Misture isto em qualquer líquido que quiser, e beba tudo. Se o senhor tem o vigor de vinte homens, isto aqui o matará assim mesmo, na hora.

Romeu – Aqui está o seu ouro, o pior veneno para a alma humana, o que comete mais assassinatos neste mundo detestável – mais que esses pobres compostos que o senhor está impedido de vender. Sou eu quem estou lhe vendendo veneno; o senhor não me vendeu nenhum. Adeus. Compre comida, e acrescente carnes a esse seu esqueleto. – Venha, licor estimulante. Não és veneno. Vamos até à sepultura de Julieta, pois é lá que devo te usar.

(*Saem.*)

Cena II – *A cela de Frei Lourenço.*

Entra Frei João.

Frei João – Santo franciscano, meu bendito irmão, olá!

Entra Frei Lourenço.

Frei Lourenço – Essa só pode ser a voz de Frei João. Bem-vindo, chegado que és de Mântua. O que nos diz Romeu? Ou, se ele manda seus pensamentos por escrito, dá-me a carta.

Frei João – Procurei um outro irmão descalço, de nossa ordem, para viajar comigo. Como ele esteve aqui na cidade visitando os doentes, os fiscais da saúde, ao encontrá-lo, suspeitaram que nós os dois tivéssemos estado numa casa onde reinava a pestilência infecciosa. Lacraram as portas e não nos deixaram sair. Assim que minha jornada a Mântua não chegou nem mesmo a iniciar-se.

Frei Lourenço – Quem, então, levou minha carta a Romeu?

Frei João – Não tive como enviá-la – aqui a tens de volta –, nem mesmo consegui um mensageiro para retorná-la a ti, tão temerosos estavam todos de que a infecção se alastrasse.

Frei Lourenço – Destino mais infeliz! Pela minha ordem franciscana, a carta não era formal, mas continha instruções de suma importância. O não ter sido entregue pode vir a ser muito perigoso. Frei João, apresse-se: busca-me um pé de cabra e traze-o direto para minha cela.

Frei João – Irmão, já estou indo buscar o que me pediste.

(*Sai.*)

Frei Lourenço – Agora preciso ir eu ao jazigo, sozinho. Dentro de três horas a bela Julieta estará se acordando. Vai me maldizer quando souber que Romeu não é conhecedor desses acontecimentos. Mas escreverei novamente para Mântua, e devo manter Julieta em minha cela até que Romeu chegue. – Pobre cadáver vivo, trancado na tumba de homens mortos.

(*Sai.*)

Cena III – *Um cemitério no terreno da igreja; nele, um jazigo que pertence aos Capuleto.*

Entram Páris e seu Pajem, que traz flores e uma tocha.

Páris – Dá-me essa tocha, rapaz. Vai-te daqui, e fica longe. – Pensando melhor, apaga a tocha. Não quero que me vejam. Deita-te embaixo daqueles teixos, acomoda o ouvido junto a este solo oco, cravado de sepulturas, terra solta e pouco firme. Assim, ninguém põe pé neste cemitério sem que o ouças. Assobia para mim, como sinal de que ouves algo se aproximando. Alcança-me essas flores. Faze o que te mando, anda!

Pajem – (*Distanciando-se.*) Quase tenho medo de ficar sozinho aqui no cemitério. Mas... vou arriscar.

(*Retira-se.*)

Páris – Minha doce flor, flores espalho em teu leito nupcial. Oh, dor, teu dossel é pó e pedras! Virei umedecê-lo todas as noites com águas perfumadas, como se orvalho fossem; na falta delas, umedeço-o com lágrimas destiladas por suspiros. As honras fúnebres que te prestarei são estas: espalhar flores em teu túmulo e regá-las com meu pranto.

(*O pajem assobia.*)

O rapaz adverte-me de que algo se aproxima. Que malditos pés vêm passear a esta hora da noite aqui por estas bandas, para interromper-me as exéquias e o rito de um verdadeiro amor? O quê? Com uma tocha? – Noite, oculta-me por alguns instantes.

(*Retira-se.*)

Entram Romeu e Baltasar, com uma tocha, enxadão e pé de cabra.

Romeu – Alcança-me esse enxadão e o pé de cabra. Espera, toma esta carta. De manhã cedinho vê que a entregas ao meu pai e senhor. Passa-me a luz. Por tua alma, eu te recomendo: seja lá o que for que tu escutares ou enxergares, mantém distância e não me interrompe no que eu estiver fazendo. Desço até esse leito de morte em parte para contemplar o rosto de minha amada, mas principalmente para tirar de seu dedo morto um precioso anel – um anel que devo usar em circunstância que me é muito cara. Portanto, vai-te, andando! – Porém, se tu, desconfiado, voltares para espiar o que pretendo fazer, juro pelos céus como estraçalho-te todas as juntas e espalho por este cemitério faminto os teus pedaços. A hora e as minhas intenções são selvagens, violentas, muito mais ferozes e inexoráveis que tigres famintos ou mares enfurecidos.

Baltasar – Partirei, senhor, para não vos perturbar.

Romeu – Desse modo mostras a amizade que tens por mim. – Toma isto para ti. Vive e sê próspero. E, adeus, meu bom amigo.

Baltasar – (*Afastando-se.*) Mesmo assim, vou esconder-me aqui por perto. O olhar dele me deixa receoso, e de suas intenções eu desconfio.

(*Retira-se.*)

Romeu – Tu, goela detestável, tu, barriga da morte, empanturrada com o mais precioso quitute da terra, assim eu forço tua mandíbula podre a se abrir

(*forçando e abrindo a porta do jazigo*)

e, para te deixar afrontada, venho te abarrotar com mais comida!

Páris – Esse é aquele arrogante Montéquio, o banido, o assassino do primo de minha noiva, e imagina-se que a linda criatura morreu por causa desse luto.

Agora vem ele aqui, decerto para perpetrar algum ato vil com os cadáveres. Vou detê-lo.

(*Avança.*)

Pare já com essa sua tarefa de profanação, vil Montéquio! É possível que uma vingança prolongue-se para além da morte? Verme condenado, eu o declaro preso. Obedeça, e me acompanhe, pois você deve morrer.

Romeu – Deveras, devo morrer, e foi por isso que vim até aqui. Meu bom e gentil jovem, não tente um homem desesperado. Fuja daqui, e me deixe. – Pense naqueles que já se foram, deixe que eles o amedrontem. – Eu lhe imploro, meu jovem, não coloque ainda outro pecado em minha consciência, provocando-me até à fúria. Por favor, vá-se embora! Por Deus, amo a você mais que a mim mesmo, pois aqui chego armado contra mim. Não fique, vá embora. – Mantenha-se vivo, e mais tarde poderá dizer que a misericórdia de um louco fez com que você fugisse.

Páris – Rejeito o seu pedido e o declaro aqui preso, por criminoso.

Romeu – Vai querer me provocar? Então defenda-se, rapaz.

(*Eles lutam.*)

Pajem – Ai, meu Deus, eles estão lutando! Vou chamar a Guarda.

(*Sai.*)

Páris – Estou morto! (*Cai.*) – Se tem piedade, abre a tumba e coloca-me junto a Julieta.

(*Morre.*)

Romeu – De fato, farei isso. – Deixe-me ver esse rosto. – O nobre conde Páris, parente de Mercúcio! – O que foi mesmo que disse o meu criado, quando minha alma perturbada não lhe prestou atenção, enquanto vínhamos para cá a cavalo? Acho que ele me disse que Páris estava por desposar Julieta. Não foi isso o que ele disse? Ou sonhei tal coisa? Ou estou louco e, ouvindo-o falar de Julieta, pensei que falava isso? – Ah, dê-me sua mão, você cujo nome foi escrito junto ao meu neste livro de amargo infortúnio! Vou enterrá-lo em cova triunfante... cova? Oh, não, antes um salão pleno de luz, meu jovem assassinado, pois aqui jaz Julieta, e sua beleza faz desta cripta um salão de audiências, pronto para um iluminado banquete espectral. Morto, acomoda-te aí, sepultado que estás por um homem morto.

(*Deitando Páris no jazigo.*)

Quantas vezes, quando os homens estão a ponto de morrer, ficam eles exultantes! Os que velam o moribundo chamam a isso de centelha de vida antes da morte. Ah, como posso a isso chamar de centelha? – Ah, meu amor! Minha esposa! A morte, que sugou o mel de teu hálito, ainda não teve forças para bulir com tua beleza. Não foste subjugada; a insígnia da formosura ainda tinge de carmesim teus lábios e tuas faces, e o pálido emblema da morte não avançou sobre ti. – Teobaldo, é você quem jaz aí nesses panos ensanguentados? Ah, que maior favor posso lhe prestar do que, com esta mesma mão que decepou sua juventude ao meio, dar fim à juventude daquele que foi seu inimigo? Perdoe-me, primo! – Ah, minha querida Julieta, por que continuas tão linda? Devo acreditar que o irreal espectro da morte de ti se enamorou? E que o esquelético, abominado monstro te prende aqui no escuro para seres dele amante? Por temer tal coisa, permanecerei para sempre contigo, sem partir jamais deste palácio de escuridão noturna. Permaneço aqui mesmo, aqui, com as larvas que são tuas camareiras. Ah, aqui estabeleço meu repouso eterno e liberto esta minha carne mundana e cansada do jugo traçado por estrelas em nada auspiciosas. – Olhos, um último olhar! Braços, o derradeiro abraço! E, lábios, ah, vocês, portais da respiração, selem com um beijo justo este acordo perene com a morte devoradora. – Vem, condutor amargo; vem, guia repugnante; tu, piloto desesperado, arremessa de uma vez contra rochas violentas tua nau cansada e nauseada do mar. Ao meu amor! (*Bebe.*) – Ah, honesto boticário, estas suas drogas são mesmo rápidas. – Assim, com um beijo, eu morro.

(*Morre.*)

Entra, no outro lado do Cemitério, Frei Lourenço, com uma lanterna, pé de cabra e pá.

Frei Lourenço – São Francisco que me ajude! Quantas vezes, esta noite, meus velhos pés tropeçaram em sepulturas! – Quem está aí? Quem é que, tão tarde da noite, vem se associar aos mortos?

Baltasar – Aqui estou, um amigo, e amigo que vos conhece bem.

Frei Lourenço – Que Deus te abençoe! Agora me fala, meu bom amigo, que tocha é aquela ali que em vão empresta sua luz a vermes e caveiras desprovidas de olhos? Se bem enxergo daqui, ela arde no jazigo dos Capuleto.

Baltasar – É isso mesmo, meu santo Frei. E lá encontra-se meu amo, de quem tanto gostais.

Frei Lourenço – Quem?

Baltasar – Romeu.

Frei Lourenço – Há quanto tempo ele está lá?

Baltasar – Tem bem uma meia hora.

Frei Lourenço – Vem comigo até à cripta.

Baltasar – Eu não me atreveria, senhor. Meu amo pensa que fui-me embora. E, de um modo medonho, ameaçou-me de morte se eu ficasse para ver o que ele planejava fazer.

Frei Lourenço – Não precisa ir, então. Vou sozinho. – Sinto que o medo vem me envolver. Ah, como receio uma lamentável desgraça.

Baltasar – Enquanto dormia sob esse teixo aqui, sonhei que meu amo mais um outro lutavam, e que meu amo o matou.

Frei Lourenço – Romeu!

(*Precipita-se.*)

Meu Deus, que sangue é esse que mancha as pedras da entrada deste sepulcro? – O que significam essas espadas abandonadas, ensanguentadas, a manchar este local de paz?

(*Entra no jazigo.*)

Romeu! Oh, pálido! – Quem mais? Como, Páris também? E banhado em sangue? – Ah, que hora infeliz pode-se culpar por essa calamidade? – A dama está se mexendo.

(*Julieta desperta e mexe-se.*)

Julieta – Oh, meu simpático Frei, onde está meu esposo? – Lembro-me bem de onde eu deveria estar... e estou. – Onde está o meu Romeu?

(*Ouve-se um barulho que vem de dentro.*)

Frei Lourenço – Estou ouvindo qualquer coisa. – Minha senhora, saia desse ninho de morte, contágio e sono irreal. Uma força maior, à qual não podemos contrariar, frustrou nossos planos. – Vamos, vamonos embora. Seu marido em seu peito jaz, morto. E Páris também. – Vamos, vou encaminhá-la para um convento de piedosas freiras. Não pare para fazer perguntas, pois a Guarda vem chegando. Vamos, saia daqui, minha boa Julieta. (*Barulho novamente.*) – Eu não me atrevo a ficar aqui mais tempo.

Julieta – Então vá, saia daqui, porque eu não vou embora.

(*Sai Frei Lourenço.*)

O que é isto? Um cálice, que meu verdadeiro amor segura em sua mão? Vejo que veneno foi seu fim prematuro. – Avarento! Bebe tudo e não deixa nem uma gota amiga que depois me ajude? – Beijarei teus lábios. Pode ser que ainda encontre neles um pouco de veneno que me faça morrer com este fortificante.

(*Beija-o.*)

Teus lábios estão quentes!

1º Guarda – (*De dentro*) Vá na frente, rapaz. – Para que lado?

Julieta – Barulho de gente chegando? – Então serei breve. – Ah, punhal feliz!

(*Apoderando-se da adaga de Romeu.*)

Esta é tua bainha (*apunhala-se*); enferruja dentro de mim e deixa-me morrer.

(*Cai sobre o corpo de Romeu e morre.*)

Entra o Guarda, acompanhado do pajem de Páris.

Pajem – Este é o lugar; ali, onde arde a tocha.

1º Guarda – Tem sangue no chão. Vasculhem o cemitério. Vão, alguns de vocês, e prendam quem encontrarem pela frente.

(*Saem alguns dos Guardas.*)

Visão mais lamentável! Aqui jaz o conde assassinado. – E Julieta, sangrando! Ainda quente, recém-morta, essa que esteve aqui sepultada estes últimos dois dias. – Vão, contem ao Príncipe –, corram à casa dos Capuleto –, acordem os Montéquio –, e outros de vocês vasculhem este lugar.

(*Saem outros dos Guardas.*)

Estamos vendo o terreno onde se depositaram tantas aflições, mas o verdadeiro terreno de onde brotaram todas essas dores lastimáveis não se pode perceber sem antes conhecermos delas as circunstâncias.

Chegam de volta alguns dos Guardas com Baltasar.

2º **Guarda** – Aqui está o criado de Romeu; estava no cemitério.

1º **Guarda** – Detenha-o até que chegue o Príncipe.

Chegam de volta outros dos Guardas, com Frei Lourenço.

3º **Guarda** – Aqui temos um frei, que treme, suspira e chora. Com ele encontramos este enxadão e esta pá, e ele vinha desse lado do cemitério.

1º **Guarda** – Altamente suspeito. Detenham o Frei também.

Entram o Príncipe e sua Comitiva.

Príncipe – Que desgraça acorda-nos assim tão cedo, tirando nossa pessoa de seu repouso matutino?

Entram Capuleto, Lady Capuleto e outros.

Capuleto – O que está havendo, que tanto gritam e guincham por toda parte?

Lady Capuleto – O povo nas ruas grita "Romeu", outros, "Julieta" e ainda alguns, "Páris"; e todos correm, com altos protestos, em direção ao nosso jazigo.

Príncipe – Que pavor é esse que nos fere os ouvidos?

1º Guarda – Meu soberano, aqui jaz, assassinado, o conde Páris. Romeu está morto. E Julieta, antes falecida, tem o corpo quente e está recém-morta.

Príncipe – Procurem, investiguem e esclareçam como aconteceram essas mortes infames.

1º Guarda – Aqui temos um frei e o criado do defunto Romeu, com ferramentas próprias para abrir as tumbas desses mortos.

Capuleto – Ó céus! – Esposa, olha como nossa filha sangra! Esse punhal enganou-se... pois, olhe, sua verdadeira morada está vazia nas costas do Montéquio... e encontrou bainha errada no peito de minha filha.

Lady Capuleto – Ai de mim! Esta visão da morte é como um sino que me vem advertir de minha velhice, seduzindo-me para uma sepultura.

Entram Montéquio e outros.

Príncipe – Chega perto, Montéquio, pois foste assim tão cedo acordado para ver teu filho e herdeiro assim tão cedo deitado.

Montéquio – Ai de mim! Meu soberano, minha esposa morreu esta noite passada. A dor pelo exílio de meu filho tirou-lhe o sopro da vida. Que outro pesar conspira contra a minha idade?

Príncipe – Olha e verás.

Montéquio – Ah, filho indisciplinado! Que modos são esses, baixando a uma cova antes de teu pai?

Príncipe – Calem vossos sentimentos ultrajados por uns instantes, até que possamos esclarecer essas ambiguidades e delas saber as fontes, a nascente, seu verdadeiro curso, e então serei o comandante de vossas aflições e os liderarei, nem que seja até à morte. Neste meio tempo, contenham-se e deixem que o infortúnio seja escravo da paciência. – Tragam-me os suspeitos.

Frei Lourenço – Deles sou o maior, embora o mais fraco. No entanto, sou o principal suspeito, posto que a hora e o local conspiram contra mim, no caso dessas terríveis mortes. E aqui me coloco perante vós para me censurar e para me justificar, eu próprio por mim condenado e absolvido.

Príncipe – Então diga de uma vez o que sabe sobre esse caso.

Frei Lourenço – Serei breve, pois o pouco tempo que me sobra de vida é mais curto que uma história longa demais. Romeu, ali morto, era o marido daquela, Julieta; e ela, ali morta, a esposa fiel desse Romeu. Eu os casei, e o dia secreto das núpcias foi o dia da morte de Teobaldo, cujo precoce fim baniu desta cidade o noivo recém-casado. Por ele, e não por Teobaldo, Julieta definhava. O senhor, no intuito de dar fim ao estado de dor de sua filha, arranjou-lhe um contrato de casamento, e a queria casada à força com o conde Páris... Então ela recorre a mim e, com olhar desvairado, suplica-me que invente algum meio de livrá-la desse segundo matrimônio. Caso contrário, suicida-se ali mesmo, em minha cela. Assim foi que lhe dei, instruído por minha arte, uma poção soporífera, que teve o exato efeito por mim desejado, pois forjou nela a aparência da morte. Nesse meio tempo, escrevi a Romeu para que ele viesse a Verona na data desta noite de horrores para ajudar-me a tirar Julieta de sua falsa sepultura, pois então seria chegada a hora em que o efeito da poção cederia. Porém, o portador de minha correspondência, Frei João, ficou detido em Verona por acidente; e, ontem à noite, devolveu-me a carta. Aconteceu então que eu, sozinho, à hora prevista para o despertar de Julieta, vim até aqui para tirá-la da cripta de sua família, com o intuito de mantê-la em segredo em minha cela até que eu pudesse oportunamente mandar chamar Romeu. Mas quando aqui cheguei... alguns minutos antes da hora de seu despertar... já estavam mortos o nobre Páris e o fiel Romeu. Ela desperta. E eu lhe peço encarecidamente que vá embora, e que suporte com paciência essa obra do destino. Mas então um barulho afugentou-me da tumba; e ela, desesperada ao extremo, não me acompanhou. Ao que parece, usou de violência contra si mesma. Isso é tudo o que sei. Quanto ao casamento secreto, a ama de Julieta estava a par. Se alguma coisa deu errado por minha culpa, que se sacrifique esta minha vida provecta a qualquer hora antes de seu tempo. Sob o rigor da mais severa lei.

Príncipe – O senhor sempre foi reconhecidamente um homem santo. Onde está o criado de Romeu? O que pode ele nos dizer sobre isso?

Baltasar – Levei ao meu amo a notícia da morte de Julieta, e ele, na maior pressa, veio de Mântua até aqui, este lugar, este jazigo. Esta carta ele me pediu que a entregasse a seu pai. E, ao entrar na cripta, ameaçou-me de morte caso eu não fosse embora e o deixasse só.

Príncipe – Dá-me a carta. Quero ver o que diz. Onde está o pajem do conde, que chamou a Guarda? – O que fazia teu amo neste lugar?

Pajem – Ele trouxe flores para com elas enfeitar o túmulo de sua noiva e ordenou-me que ficasse ao longe, o que eu fiz. Logo chegou alguém, munido de luz, para abrir a tumba. Dali a pouco meu amo sacou da espada contra ele. Então saí correndo para chamar a Guarda.

Príncipe – Esta carta corrobora as palavras do Frei: o andamento do amor dos dois, a notícia da morte de Julieta, e aqui ele escreve que comprou veneno de um pobre boticário, depois do que veio até à cripta, para morrer e deitar-se com Julieta. – Onde estão os inimigos? – Capuleto! – Montéquio! – Vejam que maldição recaiu sobre o ódio de vocês, que até mesmo os céus encontraram meios de matar, com amor, as vossas alegrias! E eu, por fechar meus olhos às vossas discórdias, também perdi dois de minha família. Fomos todos punidos.

CAPULETO – Ah, irmão Montéquio, dê-me sua mão. Este é o legado de minha filha, e nada mais tenho a oferecer.

MONTÉQUIO – Mas eu posso oferecer-lhe mais: mandarei construir uma estátua de Julieta em ouro maciço. Enquanto Verona for o nome de nossa cidade, nenhuma imagem terá tanto valor quanto a de Julieta, digna e fiel.

CAPULETO – Pois a estátua de Romeu, também em ouro, estará ao lado da de sua esposa. Pobres vítimas de nossa inimizade!

PRÍNCIPE – Melancólica paz nos traz esta manhã. O sol, de luto, não se mostrará. Embora daqui, vão, e conversem mais sobre esses tristes fatos. Alguns serão perdoados, e outros, punidos, pois jamais houve história mais dolorosa que esta de Julieta e seu Romeu.

(*Saem.*)

SOBRE A TRADUTORA

BEATRIZ VIÉGAS-FARIA é tradutora formada pela Universidade Federal do Rio Grande do Sul (1986), com especialização em linguística aplicada ao ensino do inglês (UFRGS, 1991). Em 1999, concluiu mestrado na Pontifícia Universidade Católica do Rio Grande do Sul em linguística aplicada, com dissertação sobre a tradução de implícitos em *Romeu e Julieta*. Em 2004, concluiu doutorado com tese sobre tradução de implícitos em *Sonho de uma noite de verão* na mesma instituição. Em 2003, realizou pesquisa em estudos da tradução e tradução teatral na University of Warwick, Inglaterra. Começou a trabalhar com traduções de obras literárias em 1993 e, desde 1997, dedica-se também a traduzir as peças de William Shakespeare. É professora adjunta da UFPel. Em 2000, recebeu o Prêmio Açorianos de Literatura pela tradução de *Otelo* e, em 2001, o Prêmio Açorianos de Literatura com a obra *Pampa pernambucano (poesia, imagens, e-mails)*.

Coleção **L&PM** POCKET

950.**Mulheres** – Bukowski
951.**Um pressentimento funesto** – Agatha Christie
952.**Cartas na mesa** – Agatha Christie
954.**O lobo do mar** – Jack London
955.**Os gatos** – Patricia Highsmith
956(22).**Jesus** – Christiane Rancé
957.**História da medicina** – William Bynum
958.**O Morro dos Ventos Uivantes** – Emily Brontë
959.**A filosofia na era trágica dos gregos** – Nietzsche
960.**Os treze problemas** – Agatha Christie
961.**A massagista japonesa** – Moacyr Scliar
963.**Humor do miserê** – Nani
964.**Todo o mundo tem dúvida, inclusive você** – Édison de Oliveira
965.**A dama do Bar Nevada** – Sergio Faraco
969.**O psicopata americano** – Bret Easton Ellis
970.**Ensaios de amor** – Alain de Botton
971.**O grande Gatsby** – F. Scott Fitzgerald
972.**Por que não sou cristão** – Bertrand Russell
973.**A Casa Torta** – Agatha Christie
974.**Encontro com a morte** – Agatha Christie
975(23).**Rimbaud** – Jean-Baptiste Baronian
976.**Cartas na rua** – Bukowski
977.**Memória** – Jonathan K. Foster
978.**A abadia de Northanger** – Jane Austen
979.**As pernas de Úrsula** – Claudia Tajes
980.**Retrato inacabado** – Agatha Christie
981.**Solanin (1)** – Inio Asano
982.**Solanin (2)** – Inio Asano
983.**Aventuras de menino** – Mitsuru Adachi
984(16).**Fatos & mitos sobre sua alimentação** – Dr. Fernando Lucchese
985.**Teoria quântica** – John Polkinghorne
986.**O eterno marido** – Fiódor Dostoiévski
987.**Um safado em Dublin** – J. P. Donleavy
988.**Mirinha** – Dalton Trevisan
989.**Akhenaton e Nefertiti** – Carmen Seganfredo e A. S. Franchini
990.**On the Road – o manuscrito original** – Jack Kerouac
991.**Relatividade** – Russell Stannard
992.**Abaixo de zero** – Bret Easton Ellis
993(24).**Andy Warhol** – Mériam Korichi
995.**Os últimos casos de Miss Marple** – Agatha Christie
996.**Nico Demo: Aí vem encrenca** – Mauricio de Sousa
998.**Rousseau** – Robert Wokler
999.**Noite sem fim** – Agatha Christie
1000.**Diários de Andy Warhol (1)** – Editado por Pat Hackett
1001.**Diários de Andy Warhol (2)** – Editado por Pat Hackett
1002.**Cartier-Bresson: o olhar do século** – Pierre Assouline
1003.**As melhores histórias da mitologia: vol. 1** – A.S. Franchini e Carmen Seganfredo
1004.**As melhores histórias da mitologia: vol. 2** – A.S. Franchini e Carmen Seganfredo
1005.**Assassinato no beco** – Agatha Christie
1006.**Convite para um homicídio** – Agatha Christie
1008.**História da vida** – Michael J. Benton
1009.**Jung** – Anthony Stevens
1010.**Arsène Lupin, ladrão de casaca** – Maurice Leblanc
1011.**Dublinenses** – James Joyce
1012.**120 tirinhas da Turma da Mônica** – Mauricio de Sousa
1013.**Antologia poética** – Fernando Pessoa
1014.**A aventura de um cliente ilustre *seguido de* O último adeus de Sherlock Holmes** – Sir Arthur Conan Doyle
1015.**Cenas de Nova York** – Jack Kerouac
1016.**A corista** – Anton Tchékhov
1017.**O diabo** – Leon Tolstói
1018.**Fábulas chinesas** – Sérgio Capparelli e Márcia Schmaltz
1019.**O gato do Brasil** – Sir Arthur Conan Doyle
1020.**Missa do Galo** – Machado de Assis
1021.**O mistério de Marie Rogêt** – Edgar Allan Poe
1022.**A mulher mais linda da cidade** – Bukowski
1023.**O retrato** – Nicolai Gogol
1024.**O conflito** – Agatha Christie
1025.**Os primeiros casos de Poirot** – Agatha Christie
1027(25).**Beethoven** – Bernard Fauconnier
1028.**Platão** – Julia Annas
1029.**Cleo e Daniel** – Roberto Freire
1030.**Til** – José de Alencar
1031.**Viagens na minha terra** – Almeida Garrett
1032.**Profissões para mulheres e outros artigos feministas** – Virginia Woolf
1033.**Mrs. Dalloway** – Virginia Woolf
1034.**O cão da morte** – Agatha Christie
1035.**Tragédia em três atos** – Agatha Christie
1037.**O fantasma da Ópera** – Gaston Leroux
1038.**Evolução** – Brian e Deborah Charlesworth
1039.**Medida por medida** – Shakespeare
1040.**Razão e sentimento** – Jane Austen
1041.**A obra-prima ignorada *seguido de* Um episódio durante o Terror** – Balzac
1042.**A fugitiva** – Anaïs Nin
1043.**As grandes histórias da mitologia greco-romana** – A. S. Franchini
1044.**O corno de si mesmo & outras historietas** – Marquês de Sade
1045.**Da felicidade *seguido de* Da vida retirada** – Sêneca
1046.**O horror em Red Hook e outras histórias** – H. P. Lovecraft
1047.**Noite em claro** – Martha Medeiros
1048.**Poemas clássicos chineses** – Li Bai, Du Fu e Wang Wei
1049.**A terceira moça** – Agatha Christie
1050.**Um destino ignorado** – Agatha Christie
1051(26).**Buda** – Sophie Royer
1052.**Guerra Fria** – Robert J. McMahon
1053.**Simons's Cat: as aventuras de um gato travesso e comilão – vol. 1** – Simon Tofield
1054.**Simons's Cat: as aventuras de um gato travesso e comilão – vol. 2** – Simon Tofield
1055.**Só as mulheres e as baratas sobreviverão** – Claudia Tajes
1057.**Pré-história** – Chris Gosden

1058.**Pintou sujeira!** – Mauricio de Sousa
1059.**Contos de Mamãe Gansa** – Charles Perrault
1060.**A interpretação dos sonhos: vol. 1** – Freud
1061.**A interpretação dos sonhos: vol. 2** – Freud
1062.**Frufru Rataplã Dolores** – Dalton Trevisan
1063.**As melhores histórias da mitologia egípcia** – Carmem Seganfredo e A.S. Franchini
1064.**Infância. Adolescência. Juventude** – Tolstói
1065.**As consolações da filosofia** – Alain de Botton
1066.**Diários de Jack Kerouac – 1947-1954**
1067.**Revolução Francesa – vol. 1** – Max Gallo
1068.**Revolução Francesa – vol. 2** – Max Gallo
1069.**O detetive Parker Pyne** – Agatha Christie
1070.**Memórias do esquecimento** – Flávio Tavares
1071.**Drogas** – Leslie Iversen
1072.**Manual de ecologia (vol.2)** – J. Lutzenberger
1073.**Como andar no labirinto** – Affonso Romano de Sant'Anna
1074.**A orquídea e o serial killer** – Juremir Machado da Silva
1075.**Amor nos tempos de fúria** – Lawrence Ferlinghetti
1076.**A aventura do pudim de Natal** – Agatha Christie
1078.**Amores que matam** – Patricia Faur
1079.**Histórias de pescador** – Mauricio de Sousa
1080.**Pedaços de um caderno manchado de vinho** – Bukowski
1081.**A ferro e fogo: tempo de solidão (vol.1)** – Josué Guimarães
1082.**A ferro e fogo: tempo de guerra (vol.2)** – Josué Guimarães
1084(17).**Desembarcando o Alzheimer** – Dr. Fernando Lucchese e Dra. Ana Hartmann
1085.**A maldição do espelho** – Agatha Christie
1086.**Uma breve história da filosofia** – Nigel Warburton
1088.**Heróis da História** – Will Durant
1089.**Concerto campestre** – L. A. de Assis Brasil
1090.**Morte nas nuvens** – Agatha Christie
1092.**Aventura em Bagdá** – Agatha Christie
1093.**O cavalo amarelo** – Agatha Christie
1094.**O método de interpretação dos sonhos** – Freud
1095.**Sonetos de amor e desamor** – Vários
1096.**120 tirinhas do Dilbert** – Scott Adams
1097.**200 fábulas de Esopo**
1098.**O curioso caso de Benjamin Button** – F. Scott Fitzgerald
1099.**Piadas para sempre: uma antologia para morrer de rir** – Visconde da Casa Verde
1100.**Hamlet (Mangá)** – Shakespeare
1101.**A arte da guerra (Mangá)** – Sun Tzu
1104.**As melhores histórias da Bíblia (vol.1)** – A. S. Franchini e Carmen Seganfredo
1105.**As melhores histórias da Bíblia (vol.2)** – A. S. Franchini e Carmen Seganfredo
1106.**Psicologia das massas e análise do eu** – Freud
1107.**Guerra Civil Espanhola** – Helen Graham
1108.**A autoestrada do sul e outras histórias** – Julio Cortázar
1109.**O mistério dos sete relógios** – Agatha Christie
1110.**Peanuts: Ninguém gosta de mim... (amor)** – Charles Schulz
1111.**Cadê o bolo?** – Mauricio de Sousa
1112.**O filósofo ignorante** – Voltaire
1113.**Totem e tabu** – Freud
1114.**Filosofia pré-socrática** – Catherine Osborne
1115.**Desejo de status** – Alain de Botton
1118.**Passageiro para Frankfurt** – Agatha Christie
1120.**Kill All Enemies** – Melvin Burgess
1121.**A morte da sra. McGinty** – Agatha Christie
1122.**Revolução Russa** – S. A. Smith
1123.**Até você, Capitu?** – Dalton Trevisan
1124.**O grande Gatsby (Mangá)** – F. S. Fitzgerald
1125.**Assim falou Zaratustra (Mangá)** – Nietzsche
1126. **Peanuts: É para isso que servem os amigos (amizade)** – Charles Schulz
1127(27).**Nietzsche** – Dorian Astor
1128.**Bidu: Hora do banho** – Mauricio de Sousa
1129.**O melhor do Macanudo Taurino** – Santiago
1130.**Radicci 30 anos** – Iotti
1131.**Show de sabores** – J.A. Pinheiro Machado
1132.**O prazer das palavras** – vol. 3 – Cláudio Moreno
1133.**Morte na praia** – Agatha Christie
1134.**O fardo** – Agatha Christie
1135.**Manifesto do Partido Comunista (Mangá)** – Marx & Engels
1136.**A metamorfose (Mangá)** – Franz Kafka
1137.**Por que você não se casou... ainda** – Tracy McMillan
1138.**Textos autobiográficos** – Bukowski
1139.**A importância de ser prudente** – Oscar Wilde
1140.**Sobre a vontade na natureza** – Arthur Schopenhauer
1141.**Dilbert (8)** – Scott Adams
1142.**Entre dois amores** – Agatha Christie
1143.**Cipreste triste** – Agatha Christie
1144.**Alguém viu uma assombração?** – Mauricio de Sousa
1145.**Mandela** – Elleke Boehmer
1146.**Retrato do artista quando jovem** – James Joyce
1147.**Zadig ou o destino** – Voltaire
1148.**O contrato social (Mangá)** – J.-J. Rousseau
1149.**Garfield fenomenal** – Jim Davis
1150.**A queda da América** – Allen Ginsberg
1151.**Música na noite & outros ensaios** – Aldous Huxley
1152.**Poesias inéditas & Poemas dramáticos** – Fernando Pessoa
1153.**Peanuts: Felicidade é...** – Charles M. Schulz
1154.**Mate-me por favor** – Legs McNeil e Gillian McCain
1155.**Assassinato no Expresso Oriente** – Agatha Christie
1156.**Um punhado de centeio** – Agatha Christie
1157.**A interpretação dos sonhos (Mangá)** – Freud
1158.**Peanuts: Você não entende o sentido da vida** – Charles M. Schulz
1159.**A dinastia Rothschild** – Herbert R. Lottman
1160.**A Mansão Hollow** – Agatha Christie
1161.**Nas montanhas da loucura** – H.P. Lovecraft
1162(28).**Napoleão Bonaparte** – Pascale Fautrier
1163.**Um corpo na biblioteca** – Agatha Christie
1164.**Inovação** – Mark Dodgson e David Gann
1165.**O que toda mulher deve saber sobre os homens: a afetividade masculina** – Walter Riso
1166.**O amor está no ar** – Mauricio de Sousa
1167.**Testemunha de acusação & outras histórias** – Agatha Christie
1168.**Etiqueta de bolso** – Celia Ribeiro

1169.**Poesia reunida (volume 3)** – Affonso Romano de Sant'Anna
1170.**Emma** – Jane Austen
1171.**Que seja em segredo** – Ana Miranda
1172.**Garfield sem apetite** – Jim Davis
1173.**Garfield: Foi mal...** – Jim Davis
1174.**Os irmãos Karamázov (Mangá)** – Dostoiévski
1175.**O Pequeno Príncipe** – Antoine de Saint-Exupéry
1176.**Peanuts: Ninguém mais tem o espírito aventureiro** – Charles M. Schulz
1177.**Assim falou Zaratustra** – Nietzsche
1178.**Morte no Nilo** – Agatha Christie
1179.**Ê, soneca boa** – Mauricio de Sousa
1180.**Garfield a todo o vapor** – Jim Davis
1181.**Em busca do tempo perdido (Mangá)** – Proust
1182.**Cai o pano: o último caso de Poirot** – Agatha Christie
1183.**Livro para colorir e relaxar** – Livro 1
1184.**Para colorir sem parar**
1185.**Os elefantes não esquecem** – Agatha Christie
1186.**Teoria da relatividade** – Albert Einstein
1187.**Compêndio da psicanálise** – Freud
1188.**Visões de Gerard** – Jack Kerouac
1189.**Fim de verão** – Mohiro Kitoh
1190.**Procurando diversão** – Mauricio de Sousa
1191.**E não sobrou nenhum e outras peças** – Agatha Christie
1192.**Ansiedade** – Daniel Freeman & Jason Freeman
1193.**Garfield: pausa para o almoço** – Jim Davis
1194.**Contos do dia e da noite** – Guy de Maupassant
1195.**O melhor de Hagar 7** – Dik Browne
1196(29).**Lou Andreas-Salomé** – Dorian Astor
1197(30).**Pasolini** – René de Ceccatty
1198.**O caso do Hotel Bertram** – Agatha Christie
1199.**Crônicas de motel** – Sam Shepard
1200.**Pequena filosofia da paz interior** – Catherine Rambert
1201.**Os sertões** – Euclides da Cunha
1202.**Treze à mesa** – Agatha Christie
1203.**Bíblia** – John Riches
1204.**Anjos** – David Albert Jones
1205.**As tirinhas do Guri de Uruguaiana 1** – Jair Kobe
1206.**Entre aspas (vol.1)** – Fernando Eichenberg
1207.**Escrita** – Andrew Robinson
1208.**O spleen de Paris: pequenos poemas em prosa** – Charles Baudelaire
1209.**Satíricon** – Petrônio
1210.**O avarento** – Molière
1211.**Queimando na água, afogando-se na chama** – Bukowski
1212.**Miscelânea septuagenária: contos e poemas** – Bukowski
1213.**Que filosofar é aprender a morrer e outros ensaios** – Montaigne
1214.**Da amizade e outros ensaios** – Montaigne
1215.**O medo à espreita e outras histórias** – H.P. Lovecraft
1216.**A obra de arte na era de sua reprodutibilidade técnica** – Walter Benjamin
1217.**Sobre a liberdade** – John Stuart Mill
1218.**O segredo de Chimneys** – Agatha Christie
1219.**Morte na rua Hickory** – Agatha Christie
1220.**Ulisses (Mangá)** – James Joyce
1221.**Ateísmo** – Julian Baggini
1222.**Os melhores contos de Katherine Mansfield** – Katherine Mansfield
1223(31).**Martin Luther King** – Alain Foix
1224.**Millôr Definitivo: uma antologia de *A Bíblia do Caos*** – Millôr Fernandes
1225.**O Clube das Terças-Feiras e outras histórias** – Agatha Christie
1226.**Por que sou tão sábio** – Nietzsche
1227.**Sobre a mentira** – Platão
1228.**Sobre a leitura *seguido do* Depoimento de Céleste Albaret** – Proust
1229.**O homem do terno marrom** – Agatha Christie
1230(32).**Jimi Hendrix** – Franck Médioni
1231.**Amor e amizade e outras histórias** – Jane Austen
1232.**Lady Susan, Os Watson e Sanditon** – Jane Austen
1233.**Uma breve história da ciência** – William Bynum
1234.**Macunaíma: o herói sem nenhum caráter** – Mário de Andrade
1235.**A máquina do tempo** – H.G. Wells
1236.**O homem invisível** – H.G. Wells
1237.**Os 36 estratagemas: manual secreto da arte da guerra** – Anônimo
1238.**A mina de ouro e outras histórias** – Agatha Christie
1239.**Pic** – Jack Kerouac
1240.**O habitante da escuridão e outros contos** – H.P. Lovecraft
1241.**O chamado de Cthulhu e outros contos** – H.P. Lovecraft
1242.**O melhor de Meu reino por um cavalo!** – Edição de Ivan Pinheiro Machado
1243.**A guerra dos mundos** – H.G. Wells
1244.**O caso da criada perfeita e outras histórias** – Agatha Christie
1245.**Morte por afogamento e outras histórias** – Agatha Christie
1246.**Assassinato no Comitê Central** – Manuel Vázquez Montalbán
1247.**O papai é pop** – Marcos Piangers
1248.**O papai é pop 2** – Marcos Piangers
1249.**A mamãe é rock** – Ana Cardoso
1250.**Paris boêmia** – Dan Franck
1251.**Paris libertária** – Dan Franck
1252.**Paris ocupada** – Dan Franck
1253.**Uma anedota infame** – Dostoiévski
1254.**O último dia de um condenado** – Victor Hugo
1255.**Nem só de caviar vive o homem** – J.M. Simmel
1256.**Amanhã é outro dia** – J.M. Simmel
1257.**Mulherzinhas** – Louisa May Alcott
1258.**Reforma Protestante** – Peter Marshall
1259.**História econômica global** – Robert C. Allen
1260(33).**Che Guevara** – Alain Foix
1261.**Câncer** – Nicholas James
1262.**Akhenaton** – Agatha Christie
1263.**Aforismos para a sabedoria de vida** – Arthur Schopenhauer
1264.**Uma história do mundo** – David Coimbra
1265.**Ame e não sofra** – Walter Riso

1266.**Desapegue-se!** – Walter Riso
1267.**Os Sousa: Uma famíla do barulho** – Mauricio de Sousa
1268.**Nico Demo: O rei da travessura** – Mauricio de Sousa
1269.**Testemunha de acusação e outras peças** – Agatha Christie
1270(34).**Dostoiévski** – Virgil Tanase
1271.**O melhor de Hagar 8** – Dik Browne
1272.**O melhor de Hagar 9** – Dik Browne
1273.**O melhor de Hagar 10** – Dik e Chris Browne
1274.**Considerações sobre o governo representativo** – John Stuart Mill
1275.**O homem Moisés e a religião monoteísta** – Freud
1276.**Inibição, sintoma e medo** – Freud
1277.**Além do princípio de prazer** – Freud
1278.**O direito de dizer não!** – Walter Riso
1279.**A arte de ser flexível** – Walter Riso
1280.**Casados e descasados** – August Strindberg
1281.**Da Terra à Lua** – Júlio Verne
1282.**Minhas galerias e meus pintores** – Kahnweiler
1283.**A arte do romance** – Virginia Woolf
1284.**Teatro completo v. 1: As aves da noite** ***seguido de*** **O visitante** – Hilda Hilst
1285.**Teatro completo v. 2: O verdugo** ***seguido de*** **A morte do patriarca** – Hilda Hilst
1286.**Teatro completo v. 3: O rato no muro** ***seguido de*** **Auto da barca de Camiri** – Hilda Hilst
1287.**Teatro completo v. 4: A empresa** ***seguido de*** **O novo sistema** – Hilda Hilst
1289.**Fora de mim** – Martha Medeiros
1290.**Divã** – Martha Medeiros
1291.**Sobre a genealogia da moral: um escrito polêmico** – Nietzsche
1292.**A consciência de Zeno** – Italo Svevo
1293.**Células-tronco** – Jonathan Slack
1294.**O fim do ciúme e outros contos** – Proust
1295.**A jangada** – Júlio Verne
1296.**A ilha do dr. Moreau** – H.G. Wells
1297.**Ninho de fidalgos** – Ivan Turguêniev
1298.**Jane Eyre** – Charlotte Brontë
1299.**Sobre gatos** – Bukowski
1300.**Sobre o amor** – Bukowski
1301.**Escrever para não enlouquecer** – Bukowski
1302.**222 receitas** – J. A. Pinheiro Machado
1303.**Reinações de Narizinho** – Monteiro Lobato
1304.**O Saci** – Monteiro Lobato
1305.**Memórias da Emília** – Monteiro Lobato
1306.**O Picapau Amarelo** – Monteiro Lobato
1307.**A reforma da Natureza** – Monteiro Lobato
1308.**Fábulas** ***seguido de*** **Histórias diversas** – Monteiro Lobato
1309.**Aventuras de Hans Staden** – Monteiro Lobato
1310.**Peter Pan** – Monteiro Lobato
1311.**Dom Quixote das crianças** – Monteiro Lobato
1312.**O Minotauro** – Monteiro Lobato
1313.**Um quarto só seu** – Virginia Woolf
1314.**Sonetos** – Shakespeare
1315(35).**Thoreau** – Marie Berthoumieu e Laura El Makki
1316.**Teoria da arte** – Cynthia Freeland
1317.**A arte da prudência** – Baltasar Gracián
1318.**O louco** *seguido de* **Areia e espuma** – Khalil Gibran
1319.**O profeta** ***seguido de*** **O jardim do profeta** – Khalil Gibran
1320.**Jesus, o Filho do Homem** – Khalil Gibran
1321.**A luta** – Norman Mailer
1322.**Sobre o sofrimento do mundo e outros ensaios** – Schopenhauer
1323.**Epidemiologia** – Rodolfo Sacacci
1324.**Japão moderno** – Christopher Goto-Jones
1325.**A arte da meditação** – Matthieu Ricard
1326.**O adversário secreto** – Agatha Christie
1327.**Pollyanna** – Eleanor H. Porter
1328.**Espelhos** – Eduardo Galeano
1329.**A Vênus das peles** – Sacher-Masoch
1330.**O 18 de brumário de Luís Bonaparte** – Karl Marx
1331.**Um jogo para os vivos** – Patricia Highsmith
1332.**A tristeza pode esperar** – J.J. Camargo
1333.**Vinte poemas de amor e uma canção desesperada** – Pablo Neruda
1334.**Judaísmo** – Norman Solomon
1335.**Esquizofrenia** – Christopher Frith & Eve Johnstone
1336.**Seis personagens em busca de um autor** – Luigi Pirandello
1337.**A Fazenda dos Animais** – George Orwell
1338.**1984** – George Orwell
1339.**Ubu Rei** – Alfred Jarry
1340.**Sobre bêbados e bebidas** – Bukowski
1341.**Tempestade para os vivos e para os mortos** – Bukowski
1342.**Complicado** – Natsume Ono
1343.**Sobre o livre-arbítrio** – Schopenhauer
1344.**Uma breve história da literatura** – John Sutherland
1345.**Você fica tão sozinho às vezes que até faz sentido** – Bukowski
1346.**Um apartamento em Paris** – Guillaume Musso
1347.**Receitas fáceis e saborosas** – José Antonio Pinheiro Machado
1348.**Por que engordamos** – Gary Taubes
1349.**A fabulosa história do hospital** – Jean-Noël Fabiani
1350.**Voo noturno** ***seguido de*** **Terra dos homens** – Antoine de Saint-Exupéry
1351.**Doutor Sax** – Jack Kerouac
1352.**O livro do Tao e da virtude** – Lao-Tsé
1353.**Pista negra** – Antonio Manzini
1354.**A chave de vidro** – Dashiell Hammett
1355.**Martin Eden** – Jack London
1356.**Já te disse adeus, e agora, como te esqueço?** – Walter Riso
1357.**A viagem do descobrimento** – Eduardo Bueno
1358.**Náufragos, traficantes e degredados** – Eduardo Bueno
1359.**Retrato do Brasil** – Paulo Prado
1360.**Maravilhosamente imperfeito, escandalosamente feliz** – Walter Riso
1361.**É...** – Millôr Fernandes
1362.**Duas tábuas e uma paixão** – Millôr Fernandes
1363.**Selma e Sinatra** – Martha Medeiros
1364.**Tudo que eu queria te dizer** – Martha Medeiros
1365.**Várias histórias** – Machado de Assis